HEART
心|視野

HEART
心|視野

書寫修復練習

面對人生低潮與困境的12個書寫練習，把摔傷的自己重新拼起

Night Bloomers

12 Principles for Thriving in Adversity

MICHELLE PEARCE

蜜雪兒·皮爾斯博士——著　姚怡平——譯

目錄
CONTENTS

序文

在人生的道路上，不要一直盯著後照鏡看

北卡羅萊納州十月的溫暖午後，我與此生摯愛在玫瑰花園結婚，周圍簇擁著數以千計、五顏六色的玫瑰，這是我這輩子萬分美好、充滿愛意、如詩如畫的時刻。那時候的我怎麼會知道，這眼前燦爛綻放的玫瑰，其實是預示著傷痛與絕望即將到來，及其之後由這些痛苦所化為的美好。

兩週年的結婚紀念日，我獨自一人度過，不知道老公當天去了哪裡。在他的眼裡，工作變得比我還要重要，我倆的關係多次陷入緊繃狀態。當天晚上終於等到他回家，他對我說，我不是他的靈魂伴侶，還說他覺得我們不該結婚。我淚水流了又流，而我們也試著長時間對話，想要努力解決問題，然後他竟然開車載我去當年辦婚禮的玫瑰花園。也許在他看來，這就是一種道歉的表示吧？

那時已經入夜，我獨自漫步在黑暗中一排排的玫瑰花叢之間。格子籬笆比我高了幾尺，建構出華美的玫瑰花迷宮。花香似乎比結婚當日還要濃郁。後來我在某處讀到，入夜後的玫瑰香氣會比白天濃郁四成之多。還記得月光下的花園，氛圍愜意迷人，花瓣柔滑如絲綢，走過就忍不住要觸碰。那晚，眾多的玫瑰緊緊蜷縮在花苞裡，但還是有些玫瑰花大開，完全綻放。這時，一個念頭從我的心底浮現：即使是黑暗的帷幕底下，仍存在著諸般的美好與蓬勃的活力。

一年後，我的婚姻與人生頓時墜入黑暗，我面臨了每一朵玫瑰在那晚面臨的選擇：要麼在黑暗裡敞開心扉，接納人生；要麼閉上雙眼，把傷痛隔絕在外。然而，暗夜綻放是我做出的最好的決定。因此，無論你經歷的是何種失去，我都想協助你做出最好的決定，進而在失去中獲得最好的回報。

不要問「為什麼」，要問「現在該怎麼做」

如果你跟我一樣，老是聽到有人說，你正在經歷的傷痛是神或宇宙的用意，那你肯定會覺得這些話漸漸聽膩了。這樣的概念我並非不贊同，事實上本書想傳達的訊息就是基於這個概念，只是我厭倦的是那種陳詞濫調的回應。這些人講出了那些話，與其說是為了我，不如說是為了他們內心的平靜。好比把一小片的OK繃貼在一處巨大又裂開的傷口上，那樣是不夠的。

先生離開後，我絕望至極，千方百計拿一堆「為什麼」的問題來問自己：「為什麼我不夠好？」、「為什麼神不出手干涉，叫他回來？」、「為什麼我那麼努力挽回他都沒有用？」我花了一大堆時間接受治療、寫日誌、祈禱、跟朋友談話，努力理解老公離開的原因，還以為這樣就能明白失去的傷痛有何意義，還以為必須先充分理解這個處境何以發生，才能開始接受情況已經發生。不過，提出前述的「為什麼」問題，並沒有揭露失去的原因或傷痛的意義，我反倒更深陷於絕望與無望之中。

如果曉得傷痛背後的原因，肯定能長一些智慧，應該多少能獲得寬慰。就我的情況來說，假如我知道自己做了什麼才導致夫妻關係破裂，那我就能全力以赴去解決問題，不要重蹈覆轍。我度過好幾個月痛苦不堪的日子，最後終於體會到一點：「為什麼」的問題沒有比「現在該怎麼做」還要重要。終歸到底，是「現在該怎麼做」的問題，才能幫我把內心的傷痛化為療癒與嶄新的成長。

不要浪費你的悲傷

某天，有位朋友給了我比 OK 繃還要多的安慰行動。她把知名神職人員兼學者提摩太．凱勒（Timothy Keller）博士的話寄來給我：「你對人生困境的因應方式會產生長久的影響，例如會不會養成勇氣、養成耐心、養成慈悲心、養成清醒與謙虛或任何東西。所以，不要浪費你的悲傷。」

讀了這些話之後，我的視角大幅轉變。我原本的生活方式就像是開車時一直看後照鏡，我會不停想著：「我的婚姻到底怎麼了？我都盡了全力，為什麼還是修復不了？」像這樣執著提問並以這種角度看待自身處境，肯定會出嚴重的車禍。該把「為什麼」給放下，開始注意更重要的問題：「我該怎麼繼續往前走？

我最後想成為怎樣的人？我希望以後的人生會是什麼樣子？」

凱勒博士的話闡明了人類傷痛背後的用意所在。陷入困境就表示有機會變得更出色，也就是說，有機會變得更勇敢、更有耐心、更有惻隱之心、更謙虛。要養成前述美德或其他的重要美德，就必須先經歷那類要發揮美德的處境。想要人說你有耐心，你就必須先證明自己有耐心。也就是說，你在某一刻會不得不等待某樣東西，而那樣的等待有可能需要你付出某個代價。等待，肯定是要付出時間才行，但是等待所要付出的又往往不只是時間。例如：要人說你勇敢，就表示你不得不面對某樣可怕又無常的東西；要人說你謙虛，就表示你不得不放棄本應獲得的讚賞。

懂了吧？並不是困境讓我們變成更好的人。投入人生就代表著必然會碰到困境，而且不是每個人都能在脫出困境後達到更好的狀態。我們碰到困境時會有三種可能：一，困境毀掉我們；二，困境讓我們不變；三，困境讓我們轉變。有意付出努力並果斷做出選擇，才能在困境中有所轉變。然而，也不用為了變得「更好」而去找出苦痛。我跟別人一樣都很討厭苦痛，也永遠不願自己的人生出現傷痛事件。我的意思是，經歷困境與苦痛就表示獲得「機會」。至於機會該怎麼運用，全看自己。

而要在經歷苦痛後變得「更好」，就必須謹慎做出選擇，往深處探究，想出目前的處境下，什麼才是最好的因應之道。把每一次的悲傷看成是激勵自己再度成長的機會。凱勒說「不要浪費你的悲傷」，就是把悲傷看成機會的意思。我希望內心的悲傷盡快結束。有好長一段時間我都想著，我的悲傷要結束，唯有老公回來，我倆一起過一輩子。如果他跟我一樣懂得這點，清醒過來、回家，那這可怕的傷痛就會結束，我就會重新覺得自己像個正常人。我每天祈禱復合好多次，結果卻不然。

最後我體悟到一點，要脫離這種傷痛，沒有輕鬆的途徑可走，祈禱得再多，哭得再久，再怎麼努力求他回來，都是徒勞無功。我必須要撐過這段苦痛的過程，一次經歷一刻傷痛。我凝視著未來幾週、幾月、幾年的時光，我愛的那個男人將不再待在我的身旁，內心不由得恐懼起來。這樣的苦痛會不會持續到永遠？視線所及，毫無盡頭。我想知道哪條捷徑能盡快撐過這段苦痛。不得不承受的話，最起碼想知道最短、最不傷痛的路線是哪一條。然而，越是努力去控制苦痛，苦痛就變得越強烈。

我知道自己不能再看著後照鏡開車，凱勒的話縈繞在我的心頭，不要浪費你的苦痛，而我不喜歡浪費東西；我保存耶誕節的包裝紙和緞帶，但十五年來都沒再用過！Ziploc 夾鏈袋、水瓶、錫箔紙，我都會重複使用，牙膏管也擠到一滴也不剩。如果必須努力工作賺錢買這些東西，錢就要花得有價值。

在黑暗中找到自己的寶物

我必須學會把不浪費的原則，應用在自己的婚姻狀況與自身經歷的苦痛上。**這段苦痛的經歷不是我選的，但在因應之道上，我確實有選擇。**

後續在這本書中會講述我採取哪些步驟，更正面去處理自身傷痛，如何重建心理健康與正向的人生觀，如何從困難與傷心的經驗當中獲益，為自己打造出一個啟發人心又有意義的身分與人生。還要訴說一些綻放故事，那些故事來自於我的心理治療個案與療癒寫作工作坊的學員，他們在人生中的黑暗時刻所做出的選擇帶來了美好與轉變。我們都依據本書摘述的原則，採取審慎的步驟，找到了自己的寶物並經歷了轉變。

我採取那些步驟後，內外都發生很多好事。我成為舞者與作家，兩者都是我一輩子的夢想。我獨自前往墨西哥、義大利、古巴、以色列旅遊。我再度開始約會，更深入了解自己，也知道哪種伴侶應該很適合我。我變得更彈性、更放鬆、更有自信。我開始冒險，不再隱藏自己。我變成更好的治療師與朋友，更心懷感激，能以更好的方式去愛別人、愛自己。我更清楚這輩子的使命，落實使命也更樂在其中。我把自己用過的過程與方法提供給許多個案，在此也想提供給你，無論你正在承受哪種失去或苦痛，我都想幫你體驗到健全與復原的感覺。

我明白，你目前所處的狀態並不是你選的，當中也有可能毫無公平之處。此外，如果你跟我們多數人一樣，那麼唯一的出口就是去經歷一遍了。當你置身其中，我要給你一線希望，在這條黑暗傷痛的路上，會有寶物等著你。這些寶物會豐富你的人生，讓你準備好迎接即將到來的成果。要找到這些寶物，唯有置身於黑暗之中；要找到這些寶物，必須有意去改變你對逆境的想法與做法。

我跟凱勒一樣都會鼓勵你做出決定，也就是不要浪費你的悲傷，不要無止盡盯著後照鏡看。你擁有的選擇就跟那個晚上玫瑰花園裡的每朵花一樣：要麼在黑暗裡敞開心扉，接納人生；要麼閉上雙眼，把傷痛隔絕在外。希望你會選擇暗夜綻放，希望本書的綻放原則與寫作練習能幫助你度過黑暗的時刻，而你得以找到寶物，度過苦痛，邁向療癒與健全。

——暗夜綻放者，蜜雪兒・皮爾斯

前言

憑藉寫作度過黑暗，邁向嶄新視角

毛毛蟲眼中的世界末日，主宰稱之為蝴蝶。

——《天地一沙鷗》作者，李察．巴哈（Richard Bach）

「再看一次。」心理學入門課的教授鼓勵我們。我瞪大眼睛盯著布幕上的圖形，瞇起眼睛，腦袋轉向右側，又轉向左側，甚至閉上一隻眼睛，再換另一隻眼睛閉上，還是只看見醜陋的老太太。

「仔細看。」教授如此說著，眼神熠熠發光。他開始描著圖形的輪廓，這是下巴，不是鼻子；這是耳朵，不是眼睛；這是項鍊，不是嘴巴。然後我看到她了，上一刻還是醜陋的老太太，下一刻就成了漂亮的小姐。

這堂課的主題是講述人的感知如何左右眼前的現實。在此例中，布幕上的知名圖像包含了兩個圖形（此稱為感知錯覺），大腦會根據你觀看的角度，把圖形詮釋為老太太或年輕小姐。就只是因為我的大腦不曉得某個東西在那裡，不曉得那個東西是其中一個選項，所以就這麼輕易錯過眼前的東西，對此我感到著迷卻又不安。雖然我偏好年輕小姐的圖形，但是我的大腦還沒被指示去看年輕小姐圖形的時候，我的現實就是老太太。

轉換視角可以改變現況

「感知左右現實」是重要的一課，若要有效撐過無可避免的傷痛與人生的苦痛，就格外要學會這一課。觀看事物的方式至關重要，不僅眼前景象會隨之改變，就連念頭、感覺、可運用的選擇與可能性、我們跟別人的關係、我們跟自己的關係、感受到的是希望還是絕望，這些也都會隨之改變。我身為臨床心理師，能送給個案的一大贈禮就是「改變視角」，獲得嶄新的視角就能改變一切！我曾經聽到絕佳的恭維，是某位個案在治療結束時說的。

湯姆和我第一次見面的時候，陷入怒氣、罪惡感、絕望感之中。湯姆曾經遭受暴力的仇恨犯罪，只是跟另一半走在路上，就在光天白日下被陌生人痛打一頓。他承受著重大創傷性腦傷，一隻耳朵聾了，有嚴重的腦霧、記憶力與注意力問題、重度憂鬱。他來見我的時候，是暫時離開外科醫師的工作，請了病假來的，在此之前他為高風險患者提供專業照護已有多年。

我向他闡述「暗夜綻放」的比喻，這個比喻是本書的根基。我訴說著自己面對創傷與失去時，所採取的嶄新視角；我記得很清楚，當時他的表情先是訝異而後充滿希望。接下來幾個月，我們採用綻放視角來幫他度過傷痛，為他的人生找到新的意義、新的敘事、新的方向。他的憂鬱消退了，怒氣也消退了。他有能力原諒攻擊者，在法院甚至還能懷著愛與慈悲去面對攻擊者。他不僅能工作了，還決定搬到他一直想住的地方。他在那裡找到很好的新家和新工作。療程完成不久後，他跟伴侶搬了過去，展開全新的人生。他整個人散發著希望與喜悅。他謝謝我跟他一起走過那段療程，然後看著我說：「你知道嗎？你真正做到了扭轉乾坤。」接著，他叫我一定要寫這本書，這樣別人也能體驗到他經歷的轉變。

你對於自己正在經歷的辛苦處境很有可能具備完整的視角，對於自身的傷痛也瞭如指掌，也許還覺得那會是餘生的現實。**在此，我想跟你說，雖然此時此刻的你難受至極，也許還覺得傷痛會長久存在，但你可以透過不同的鏡頭去看待傷痛與苦痛，你有另一個選擇、另一種視角。而有了嶄新的視角，就能以不同的方式去因應處境、度過苦痛，甚至再度享受人生。**正如老太太或年輕小姐的感知錯覺例子，一看見眼前有另一個選擇的存在，就再也無法回到視之不見的狀態。雖說如此，你可能還是偏好自己看到的第一個圖形，因為有時會覺得待在目前的觀點比較輕鬆、目前的觀點是你熟悉的，也是你走過無數次的途徑。

本書的主旨是想讓大家懂得在目前處境看到另一幅情景、另一種可能的視角，也想讓各位掌握高成效的實用方法，利用嶄新的視角來度過傷痛。帶領大家發掘並掌握這兩樣東西——亦即嶄新的視角與實用的方法——是我的工作，也是我的專業。至於改變視角並掌握方法後要選擇怎麼做，就全看你自己了。

黑暗也是良機

當人生的黑暗降臨，無論從何而來或具體為何，都會覺得彷彿遭遇世界末日。傷痛有可能強烈到你渴望世界末日到來，起碼是渴望傷痛的世界末日到來。雖然我不知道你確切在想些什麼，也不曉得你現在正在經歷什麼，但是本書的描繪若能引起你的共鳴，那麼此處提出的綻放原則與練習很可能會使你獲益匪淺。你置身於此處，你的人生、你本人很有可能從此再也不一樣。你發現自己置身於一片黑暗，再怎麼許願、跺腳、哭泣，甚至祈禱，一切都回不到當初的模樣。原本的存在方式已經結束，而要承認這點可說是難上加難。我們必須開始相信有某種更宏觀的機制運作，有某件更宏大的事物即將到來。

在我看來，黑暗送來獨特的機會，使我們得以徹底改變人生與身分，得以找到或改變人生的目的。那並不是自然而然發生。**黑暗帶來轉變的機會，但不保證一定會有所轉變**。而我的目標就是幫你充分利用人生中這段獨特的時間，希望你運用自身辛苦的經驗，找到嶄新的視角，履行人生的道路。

我不會說一路上都開滿玫瑰，黑暗中確實有苦差事要做。如果你的過程和我，或和我處理過的個案有些類似，那就表示過程滿是傷痛又混亂，你肯定他想拼命逃離苦痛。不過，如果你更接近那些走過這段過程的人，就會漸漸明白傷痛處境會帶來其他情況下無法帶來的機會，從而獲得自我覺知、更宏大的意義、個人與靈性的成長。

我經歷過的那些困境

「人生翻天覆地，摔成碎片，不曉得撐不撐得過去」，這樣的時刻我經歷了一遍又一遍。除父母離異外，還長年受苦於醫學上令人費解的慢性疾病，承受著莫大的疲勞感。長久疏遠母親令我傷心至今，失去婚姻使我哀傷不已。先生離開後，我只看見夢想已死，覺得自己就要死了。有些日子，不確定自己到底想不想繼續往前走。我只看見自己失去的人事物，其他都看不到。懷著懊悔的心不斷回首並陷入無望與絕望之中，這樣容易多了。我盡一切所能，想重回昔日、挽回婚姻，卻是徒勞無功。慚愧感日益加深，我看診幫助其他夫妻度過婚姻難關，自己的婚姻卻修補不了。

一直等到視角改變後，我才能用正面許多的目光去看待人生中的這段時間。離婚前必須分居一年，我不把這段時間視為挽回先生的機會，而是開始理解到這段時間其實是要為自己打造出全新的前景與人生。為以往的人生感到焦慮與悲痛後，就該把注意力放在自己身上。這段時間不只是要療癒自己，還要變得比昔日的自己更加出色，踏上煥然一新的人生路。

等我體會到我真正需要的是人生回春，而不是婚姻回春，才終於獲得療癒。我必須成為那種勇敢活出人生的女人，脫離一成不變的常規，丟掉自我設限的信念。我必須成為那種給予很多的愛也好好去愛的女人。我不要再任由恐懼感掌控人生與關係。我必須打造出更豐富、更喜悅的人生，並且樂在其中。放棄自己舊有的存在方式，放棄那個帶我來到此處的舊有人生視角，是我不明白也不想做的事，但正所謂置之死地而後生，我必須承認舊有的生活方式與婚姻已是過去的一部分；唯有它們成為過去，我才能體驗到嶄新的人生、更廣闊的視角。

你此時此刻的狀態，我都經歷過了，現在是以過來人的身分寫下這些文字。人生、婚姻、健康、家庭、夢想被剝奪了，造成的破壞力之大，我再清楚不過，心都被撕成碎片。但是，當我談及嶄新的視角，絕不是在淡化你的傷痛，因為傷痛是如此真實又難受，卻也不盡然非得如此。我看待傷痛與失去的視角有所改變的那一天，在此說給你聽聽吧！

暗夜綻放者

與先生離婚不久後，某個星期三下午，我在診所裡看個案。一開始的那段日子，很難專心聆聽個案說話。哀傷與恐懼把生活中的一切都蒙上陰影，我喜愛的工作也隨之黯淡。那天的午餐時間，我查看手機發現朋友傳來簡訊，她傳送了一張相片，是一朵鮮明的粉紅色的花，還寫著以下的文字：「仙人掌暗夜綻放，我照顧它好幾年，昨晚終於開花綻放。」

短短幾句話和那朵粉紅色的花，改變了一切。

當時的我並不曉得有些花是在暗夜裡綻放，不曉得有些花其實是「必須」在暗夜裡才能綻放。我停頓一下，思考這個新的資訊，突然浮現一個念頭：**有些人必須在黑暗裡才能綻放，有些人需要碰到考驗、苦痛、失去、人生巨變，才能經歷到成長與轉變，才能充分活出自己，活出人生的目的，而我就是其一**。不管喜不喜歡，在傷痛、失去、苦痛的黑暗裡待一段時間，總能帶給我個人最大的成長。我們當中有很多人是需要黑暗的，我把這樣的人稱為「暗夜綻放者」。如果你正在閱讀本書，就表示你或你愛的人很有可能就是暗夜綻放者。

我之所以想寫這本書，是希望那些跟我同屬於暗夜綻放者的人們能懷抱著希望。願你那令人心痛又動搖信念的失去能夠產出肥沃的黑暗覆土，綻放出陽光下生不出的美好。

◆知名的暗夜綻放者：從監牢到宮殿

為了讓各位明白我所說的話，在此要說個故事，故事主角是自行選擇了暗夜綻放。

人們將曼德拉（一九一八～二〇一三）視為異議者，是囚犯，是總統，是和平使者，而在這些名詞當中，我還要加上暗夜綻放者。曼德拉在南非一處名為川斯凱（Transkei）的小村莊長大成人，而關於苦痛的滋味他再清楚不過。失去重要的人事物是何感受，他也明白；他失去了長子和兩個孫輩，失去了自由，他失去了掌控人生的能力。他坐在黑暗的牢房裡，失去了跟妻子、家人共度的二十七年時光。

曼德拉懷抱強烈的正義感，對抗種族壓迫。在許多人的眼裡，曼德拉既是聖人也是英雄，但他不是向來如此。一九五〇年代，他是非洲民族議會的軍系創立者，名列南非頭號恐怖份子。他雖是爭取人權，但起初並不希望某幾群人加入抗爭，而印度人即是其一。

聽聽理查．史丹格（Richard Stengel）在與曼德拉共同合作的曼德拉自傳《漫漫自由路》（*Long Walk to Freedom*）中，描述監牢是如何改變了曼德拉：

「一九六二年進了監牢的這個男人，個性暴躁又易怒。二十七年後，男人走了出來，沐浴在開普敦購物中心的陽光下，態度慎重甚至平靜……在我們對談的那幾個星期、那幾個月期間，我問了他好多遍，他入獄的時候和出獄以後有什麼不一樣，他最後嘆了一口氣，只說了一句：『我坐完牢就變成熟了。』」

監牢，就是曼德拉在黑暗裡的綻放之處。我們記得的曼德拉不是入獄前的他，也不是獄中的他，而是出獄後的他。他防止了毀滅性的種族內戰發生，還打造了民主的南非。他的一生為人類的寬容與自由帶來了令人驚嘆的影響力，使南非與世界各地都蒙受其利。民主南非第一任總統、反種族隔離抗爭的捍衛者、讓窮人享有尊嚴的授予者、諾貝爾和平獎的獲獎者，是在暗夜裡綻放。坐在黑暗寂寞的牢房二十七年期間，他努力達到前述成就，不願任由苦痛與不公毀掉自己。

假如曼德拉還是怒氣沖沖，就不可能實現和平。他在牢裡經歷個人的轉變，才得以完成日後的使命。他必須把態度放軟，要一再懷著慈悲與原諒的態度對待壓迫者。他在爭取人類正義時，必須強悍但不報復、必須勇敢但不高傲、必須原諒但不讓步。這些是他在牢中學到的教訓，是需要黑暗才能成長並成熟的花朵。這世界之所以永遠會是更好的地方，是因為曼德拉選擇了綻放。

◆平凡的暗夜綻放者

然而，不是人人都會成為曼德拉，另外舉一個真實人生的例子吧！免得各位以為這樣的典範轉移只限於少數的天選之人。故事主角是我的朋友兼同事珍妮・歐文斯（Jenny Owens），她和丈夫差點失去剛出生的兒子，之後更做了件了不起的事。在此引用珍妮的話來訴說這則故事：

「二〇一六年四月，先生和我開心迎接兒子麥西穆斯．歐文斯來到這世上。然而，麥西出生不到幾小時，醫生診斷他患有先天橫膈膜疝氣。這是一種罕見疾病，是因為橫膈膜在出生時尚未發展完全，使得內臟移入胸腔，導致心臟錯位，擠壓影響到左肺的發展。醫生認為麥西的存活率僅五成。麥西出生後的頭幾個月十分辛苦，內科醫師努力保住他的命。他在新生兒加護病房住了好幾個星期，在兒童醫院住了更久，期間也開了幾次刀。

有一次麥西動手術，我們守在醫院，我在家屬休息室碰到某位嬰兒患者的祖母，我們聊了一陣子，而我們在聊的時候，她說她來探望兩個星期，住在旅館。她兒子和女兒暫時住在兒童醫院一間狹小的病房裡，要等兒童之家或麥當勞叔叔之家的空房。他們從田納西州千里迢迢來到巴爾的摩，這裡有專家能照顧他們家寶寶的罕見症狀。他們會在這裡待幾個月，他們家的小寶寶要動好幾次手術。

就在那個時候，我體會到我們家運氣有多好，住在巴爾的摩，離這麼厲害的醫院又很近。假如住在更鄉下的地方，麥西可能沒辦法獲得生存所需的關鍵治療，尤其是他出生前，我們不曉得他患有危及生命的疾病。麥西住在新生兒加護病房時，我們十分鐘就能回到家，但有許多家庭是每天花好幾個小時才能到醫院，待在醫院的時間也比我們多好幾個月。一整晚我都在想著這件事，而麥西待在醫院期間，我也多半會想著這件事。我不由得想著，假如醫院附近的住戶自願提供家裡的房間給患者家屬呢？」

二〇一六年，珍妮在馬里蘭州巴爾的摩創立非營利組織「慈愛屋主」（Hosts for Humanity）。患者接受照護時，家屬要找地方住，而該組織負責媒合家屬與自願的屋主。現在，在患者住院期間，家屬或朋友有了價格低廉又提供支援的地方可以住。

前陣子，我跟珍妮談到「暗夜綻放」的想法時，她是這麼說的：

「回首過去幾年，我度過幾段高低起伏的時期。麥西出生幾週後第一次手術以失敗告終，那是我最低潮的時候。手術團隊把他推進病房，開心宣稱修補成功，我卻不像他們那樣開心，我感受到的是絕望。我看到的不是『修補成功』的新生兒，我看到的是使用吩坦尼止痛劑、全身浮腫、毫無反應的新生兒。我想躺在地板上，因為我的身體似乎想反映出我的情緒狀態。快轉將近兩年的時間，麥西現在是個茁壯成長、適應力很強的學步幼兒。麥西非常健康，還有令人驚嘆的支持網在我們低潮時照顧我們，實在感激不盡。傷痛不管是哪種型態，都是我不想長久置身的狀態，卻也終於體會到傷痛可促使人往前邁進，獲得莫大的個人成長。

有些傷痛，或許無從避免、或是制度使然、或是純粹不走運；也許是車禍，也許是疾病。而有些傷痛是你在當中扮演一定角色，例如忽視自身的健康、財務、關係等。我設法把傷痛視為複雜的警示系統，用以找出確實的威脅。傷痛大聲又用力地對我說：『注意！』於是我注意到了，我看見別人有住處的需求，就再也不能束手旁觀。苦痛使我見到別人隱而不顯的傷痛，完全改變了我的人生路。」

兒子出生後的那一年，珍妮原本可以只花時間跟兒子丈夫共度（而我也知道她確實花很多時間在他們身上），原本很有可能會陷入創傷、恐懼、憤怒之中。不過，珍妮努力工作，抱持決心，懷著她對別人的愛與支持，把傷痛與恐懼化為美好的事物，創立組織，幫助那些經歷類似傷痛與恐懼的人們。珍妮說，她從沒想過要做這種事，直到親身經歷這番苦痛才有所行動。她原本看不到別人的需求，內心原本感受不到同樣的拉扯。而這世界之所以變成更美好的地方，是因為珍妮經歷了傷痛並進而幫助他人。她啟發了人心，她在暗夜裡綻放。

改變視角，就能改變一切

我希望這個比喻「必須有黑暗才能綻放的花與人」，已經開始改變你的視角，從失去與絕望邁向成長與希望。一旦改變視角，就能開始運用內在的資源與創意，開始朝全新的積極人生方向邁進。

在正式開始闡述本書的嶄新視角與引導式比喻前，先暫停一下，說明一下陷入黑暗的原因：也許是摯愛離世、離婚、生病、被虐待、生理功能退化、關係破裂、孩子藥物成癮、失去工作、破產；它們是好是壞、是對是錯，都不是「暗夜綻放」的重點。這些事沒一件是好事，也沒一件是對的事。而這個比喻的意思也不是要人們有意去追求、去創造人生的傷痛處境以便獲得成長。「暗夜綻放」的寓意如下：**黑暗帶來獨特的機會，只要巧妙運用機會，就能推動人生往前邁進，而假如從沒陷入黑暗，這一切就不會發生**。

我將本書編排成指南的形式，幫助各位以全新方式檢視自身獨有的處境，並提供一些有效又強大的方法，藉以順利度過人生的黑暗。我提出的綻放原則是心理治療執業將近二十年的心得，我會說明自己在擔任研究員期間得知的實證研究結果。當時我負責研究壓力源的處理，還研發一些干預手段來改善心理健康。我會分享一些具改造作用的知識，是我擔任大學教員時教給學生的整合健康與安適知識，例如身心療癒法（包括日誌寫作）。我也會列舉許多有用的寫作題目，是我在療癒寫作工作坊擔任引導師時，針對想從癌症與慢性病獲得進展成長的患者所提供的題目。另外，還會提出我在擔任健康與安適教練時採用的一些策略，協助個人達到心中遙不可及的目標。

此外，亦會闡述其他贊同本書綻放原則的眾多研究員做出的令人振奮的研究結果，如此一來，就可確信我們使用的方法十分有效。然而，除前述的專業經驗與研究外，我也會以暗夜綻放者的身分，用書中頁面的內容來會同屬暗夜綻放者的你。你會看到我個人旅程的一部分、部分的個案與工作坊學員，甚至是一些暗夜綻放的知名人物。我是個努力獲取經驗的謙虛嚮導，先前已多次跟各行各業的人們踏上這條路，而在黑暗裡尋找寶物並經歷轉變，更是從中學到若干訣竅。

奧地利知名精神科醫師維克多．弗蘭克（Viktor Frankl）是大屠殺的倖存者，他宣稱「苦痛找到了意義的那一刻……就不再是苦痛了」。儘管有句老諺語說「時間可治癒所有傷口」，但近來研究顯示，「找到意義」才能真正治癒[1]。本書的目標是幫助各位從自身的苦痛中找出意義來，這樣當置身於黑暗時就能化為成果豐碩的時光，也會進而獲得療癒與個人成長。

現在，轉而關注寫作何以是強大的方法，幫助人們在暗夜裡綻放吧！

獨我一人，生出哀傷之念：
適時的話語緩解那絲心念而我再度堅強。

——英國詩人，威廉・華茲華斯（William Wordsworth，1807）

書寫於你有益

進入研究所不久，偶然看到一系列的研究報告，闡述書寫如何幫助人們改善情緒與生理狀態。我埋首閱讀文獻，著迷不已。美國社會心理學家詹姆斯・彭尼貝克（James Pennebaker）博士堪稱「表達式寫作」的先驅，而在報告中稱之為「書寫揭露」。

當時的我還不知道，十年後彭尼貝克會訓練我領導療癒寫作工作坊。在彭尼貝克一九八六年最初的書寫實驗中（現在世界各地研究員進行這類實驗已有數百次之多），彭尼貝克及其團隊請大學生一天花十五至二十分鐘描寫創傷或中性題材（例如描述他們所在的室內），實驗為期四天[2]。描寫創傷的學生描述了創傷事件，以及他們對創傷事件的感受。結果發現，後續幾個月期間，他們的身體變得更健康，更少去看醫生，同時睡眠改善、傷痛減少、心情變得更正面。我們首度發現人們把傷痛寫成文字就能改善身心狀況。

此後，研究員發現書寫還有其他許多好處[3]，例如：刺激輔助T細胞的成長以及抗體對病毒與疫苗接種的反應[4]，藉此提高免疫系統功能；加快傷口癒合速度[5]；減少疼痛程度[6]；改善睡眠[7]；降低皮質醇濃度[8]、血壓、心率[9]。另外，寫作也經證明能改善情緒上與心理上的幸福感[10]，例如：增進正面影響[11]、減少憂鬱[12]、焦慮[13]、創傷後壓力[14]、侵擾的念頭、逃避，而前述症狀都跟創傷經驗有關[15]。由此可見，書寫引發的生理變化，不僅可以幫助人們放鬆身心，也能促進療癒。

然而書寫的好處並不限於健康範疇。研究還顯示，相較於沒有書寫情緒題材的人，書寫情緒題材的人成績較好、較快找到工作、較少缺勤[16]。

書寫類型至關重要

在某些人的眼裡，把最痛苦的創傷或黑暗裡浮現的念頭給寫出來，只會提高痛苦的程度，好比腦子想著或嘴巴談著就覺得更加難受。這種說法是沒錯，但也只是一部分的事實。根據研究員的發現，相較於書寫中性題材的人，書寫痛苦題材的人當中確實有一部分在寫完後會覺得更難受[17]，然而也發現過一段時間後，這樣的結果會產生變化。描寫壓力源與創傷後，一開始感受到的痛苦是短暫的，而且情緒幸福感多半會有長期的正面變化。書寫中性題材的人就不是如此了，他們的情緒幸福感毫無正面的變化。

還有其他的精彩研究證明了書寫類型至關重要。若出現**侵擾型**反芻思考，亦即腦裡突然浮現痛苦念頭並落入無止盡負面的或災難性的循環，那就更有可能罹患創傷後壓力症候群，這種令人耗弱的疾病是在經歷創傷後發生[18]。然而，**特意型**反芻思考，亦即有意以特定方式去思考痛苦事件的人，其更有可能經歷創傷後的成長，或者因經歷創傷或壓力源而受到正面影響。

「侵擾型反芻思考」與「特意型反芻思考」都是在反覆思考，差別在於特意型思考是有意為之的一種過程，用以檢討處境並從中反思，這類型的反覆思考於己有益，可創造意義、減少恐懼感、改變無益的思考模式[19]。因此，我們可運用精心設計的寫作題目，促進特意型的反覆思考。在這些類型的書寫題目下，我們可透過時間導向的特意型反芻思考去思考自身逆境，從而建構出全新又有意義的療癒敘事，最終就能準備好獲得創傷後的成長。

我發現這個表達式日誌書寫研究十分有說服力，於是，此後就開始在處理個案時運用書寫的方法，請個案在接受治療前後都投入書寫，而很多個案都在書寫中獲益匪淺。我在杜克大學接受彭尼貝克博士的訓練後，創立了療癒書寫工作坊，對象是學生、社群成員、現在或過去患有癌症與慢性病的患者。學員說，書寫很有幫助，而我獲得鼓舞，進而有動力不斷構思出新的題目，藉以表達內心最深處的念頭與感覺並促進轉變。

我的個案與工作坊學員經歷的情況正好反映出研究報告在過去三十多年的發現：正在受苦的人可從書寫中獲得幫助。

寫作曾是我的生命線

後來，研究結果化為現實。先生離開我之後，我採取了應對其他危機的方式，把日誌拿出來，開始書寫。每晚入睡前，我都很期待用二十分鐘、三十分鐘甚至六十分鐘的時間，把內心的念頭傾訴在紙頁上，而我也因此鬆了一口氣。這樣就不會害別人疲憊不堪，我也不會反覆對別人訴說同樣的事情、表達同樣的傷痛；那些事情、那些傷痛我覺得到了現在都該放下了才對。有些日子，我甚至工作到一半就會休息十分鐘，把內心的念頭和感覺給寫下來。剛開始的幾個月，我陷入恍惚的傷心狀態，而寫作就是我的生命線。

我根據書寫導師提出的明智建議，把日誌寫成回憶錄，從分居那年寫到法庭裡的法官判決離婚的那一天。我先寫一章的內容再編輯，然後寫另一章的內容再編輯，像這樣寫到這本書寫完了為止。接著，我把整本書編輯好幾遍，每修訂一次，就會變得更堅強更快樂。等全部結束，才體會到這樣書寫相當於接受創傷治療。所謂的創傷治療，就是反覆訴說創傷故事，說到故事失去情緒力量為止；創傷故事有開始、中間、最重要的結局；創傷故事可以納入你整個的人生故事裡。

當我處於創傷故事的中間部分，會以為離婚故事是貫串整個人生的故事。等我明白離婚故事只是人生故事的其中一章，才終於穿越了黑暗。說來有意思，我為本書做了更多研究後，偶然發現以下的研究結果：剛離婚不久的成年人把離婚經驗寫成故事，在情緒康復上似乎是最有效的寫作形式[20]。

寫作也能幫助你

在本書中，我們將把「書寫」當成是綻放人生的主要方法。書寫，是先承認苦痛的存在，然後再處理苦痛，藉此幫助人們度過苦痛。我們會利用書寫來釋放傷痛的情緒與黑暗的念頭，而非不斷反芻思考[21]。然而，要獲得痊癒，就不只是要回想自身的故事而已，還必須重建故事[22]。

想藉由書寫來重建經驗，就要運用後續幾章的書寫題目，找出苦痛的意義，例如：從苦痛中學到什麼教訓？經歷苦痛有何好處？必須採取哪種做法才能往前邁進？此外，我們也會利用書寫來探索還有哪些視角、身分、途徑可邁向健全的狀態，讓人更輕鬆度過黑暗。

寫了自己的故事，會變得比較客觀，情緒上也會保持距離。最後會把創傷與苦痛納入整體的人生敘事，不再任由創傷與苦痛主導。這就好比編輯，要「改寫重述」，最後為自己的故事寫出新的結局。我會利用後面幾頁的題目，引領你逐步實踐各項步驟。

如何使用這本書？

開始之前，應該要了解並實行以下幾件事：

- **十二項暗夜綻放原則：**本書編排方式是以十二項暗夜綻放原則為基礎，這些原則是我從自己與個案在黑暗裡度過的幾季時光當中學到的。各項原則與隨附的寫作題目則是奠基於心理學各種範疇的實證研究，一章專寫一項原則，每項原則的說明後面都有六至八道發人深省的日誌寫作題目，幫助各位按照合適的步調完成寫作。這些題目，是專門用來幫助人們逐一體驗十二項暗夜綻放原則。
- **挑選漂亮的綻放日誌：**如果還沒買橫線日誌，就去挑一本，便於閱讀本書的寫作題目後作答。此外，日誌應該要能帶來寫作靈感，比如說，日誌的封面是你最愛的顏色，或封面背景能帶來靈感。建議一開始就使用全新的日誌，不要使用寫過的日誌，這樣日誌就能專門用來描寫你的綻放過程。如果覺得日誌印有寫作題目會比較容易寫，我製作了可下載的PDF電子檔，裡頭列出十二項綻放原則的各道書寫題目，各道題目後面留有大量空白。《我的暗夜綻放日誌》可由此下載：www.drmichellepearce.com/nightbloomersjournal

- **不用是作家，也能從本書與日誌練習中獲益**：本書的書寫練習是專為個人轉變而設計，而非為了磨練文法、拼寫、作文技巧。注意力若放在前述的寫作技巧上，書寫療癒的成效其實有可能反倒會降低許多。
- **不論正在經歷何種傷痛與苦痛，本書都是為你量身打造**：我構思的十二項綻放原則與書寫題目，可以應用在眾多不同的人生「黑暗時刻」，例如：失去、哀傷、死亡、疾病、離婚、分手、失業、雙親年邁、疏遠、流產、強暴、襲擊、破產、偷情、失能、人生的轉變與巨變等。
- **可以按照自己的步調完成十二項綻放原則與隨附的題目**：有些人可能幾週

就寫完日誌，有些人需要幾個月，還有些人可能要花更長的時間。時間不是重點，重點在於進行的步調要能讓自己持續成長。

- **就算沒看到成長跡象，也務必要一直不斷書寫，藉此澆灌栽下的種子**：如果依序完成全部章節與題目會覺得負擔太大，那麼也可以像蘸一下醬油那樣，大致走一遍就行了。各章提供的寫作題目也很充足，可以從中選擇一道最能引起共鳴的題目。一旦在過程中有了進一步的進展，你的回答可能會有所進化，此時也可以回頭閱讀先前沒答完的題目，或重新作答。
- **寫作也許會「先」讓你感覺不太好，之後才會感覺好了起來**：根據研究，部分學員表示他們在描寫創傷事件後，會有一兩個小時感覺更痛苦。然而，一段時間過後，描寫創傷的人（不是描寫中性事件的）在情緒與生理健康上會有所改善[23]。
- **綻放日誌有別於童年日記**：本書的題目設計是為了有利反思、找到意義、發現嶄新視角、蒐集洞見、重建經驗、促進人生中的正面行動。如果你要的不只是「親愛的日記」的寫作風格，那你會喜歡這本書的。

- **必須寫出事實，寫出你對事實有何感受：**根據療癒書寫的研究，描寫膚淺題材或危機事實而不去處理內心的感覺，就無法獲得健康方面的益處。
- **寫作時間也許很重要：**根據幾項研究顯示，若必須在創傷事件發生後立刻描寫創傷事件，其實在表達式寫作後反倒會覺得更難受，這可能是因為還沒準備好面對創傷事件所致[24]。建議你可以先試著描寫，看看有沒有幫助。如果覺得自己還沒準備好，先放下這本書，等個一兩週的時間，然後再試一次。
- **監督自己，覺得合理就去做：**彭尼貝克博士構思出「氣壞了」法則（我發誓，當初接受他訓練的時候，是聽到他說「嚇壞了法則」，所以後來我處理個案都是這麼說的！）。他的建言基本上是這樣的：寫到一半是不是快要氣壞了，就只有自己清楚，只要接近氣壞的程度，就該停止寫作，做其他事情，冷靜下來。

- **書寫對於諮商治療非常有幫助：**（沒錯，我是有定見，但這看法符合事實！）本書提供的治療原則、智慧、方法十分類似心理治療，書寫時提到的東西也許會有利於心理諮商治療期間的討論。如果想更深入探究書寫時提到的東西，建議你可以進一步尋求心理健康方面專家的諮商幫助。

◆暖身題

閱讀下方的寫作題目，試試作答吧！可以選一部分的題目作答，也可以全部作答。可以花一天的時間寫完，也可以分散在本週的幾天寫完。

1. 我的日誌

花五分鐘或十分鐘的時間，寫出你想怎麼運用本書及其書寫練習。你的最佳書寫時間是什麼時候？早上？下午？睡前？如果要減少環境裡令人分心的事物，一次花十五分鐘至二十分鐘不受干擾地寫作，該怎麼做？

你偏好手寫或打字？你如何知道書寫有沒有幫助？到何種程度，你才會去尋求心理健康專家的幫助？

2.改變視角

寫出你對某件事的視角有所改變的情況。也就是說，想想自己是什麼時候睜開眼睛以全新角度去看待及理解自己、關係、健康、將來和／或人生大致的走向，那就選擇那個時候來描寫。

視角到底有何改變？視角改變後，你和你的人生受到何種影響？

3.你是不是暗夜綻放者？

- 你是否置身於暗夜？到底發生什麼事才會落入這個處境？
- 在落入目前處境前，你對人生有何感受？
- 你覺得自己是否需要改變視角？你是會問「為什麼」，還是會問「為什麼是我」？還是，你會問「現在該怎麼做」？假如你開始問「現在該怎麼做」，可能會發生什麼情況？

- 前述的暗夜綻放者的故事，在哪些方面引起你的共鳴？
- 你想不想成為暗夜綻放者？原因是什麼？

4. 尋覓珍珠

- 對於這種看待傷痛與苦痛的視角，你有何想法？
- 這種視角帶給你什麼？
- 這是不是你目前看待苦痛的視角？如果不是的話，你會不會希望它成為你的視角？若要讓它成為你看待自身苦痛的視角，要付出什麼樣的努力？

> 苦痛的重擔有如懸在頸項的墓碑，但其實只是個必要的秤錘，方便尋覓珍珠的潛水員往下沉。
>
> ——朱利耶斯・李特（Julius Richter）

給暗夜綻放者的寫作訣竅

製作《暗夜綻放日誌》時，請謹記下列書寫訣竅：

- 標註內容的日期。以後回頭查看自己的進步程度，就會覺得開心。
- 文法與拼寫不重要。練習不是為了改善專業寫作技巧，而是為了獲得療癒與轉變。
- 寫法沒有對錯之分。所以設法不要去評斷、刪減、修改日誌內容。
- 盡可能坦誠。隱瞞完整的真相，只是在欺騙自己。
- 快速書寫，手不要停下來。寫出內心浮現的負面念頭與情緒。
- 深入書寫。你從寫作中獲得的益處，端賴於你投入多少心力。
- 日誌要藏好，寫的內容是只給自己看的。如此一來，便會盡量坦誠。

- 碰到瓶頸時，請謹記在心，用一次一個詞語的方式訴説故事。
- 我們要做的不只是描寫傷痛而已，還有好多事要做呢！就好好玩一場，樂在其中吧！

1 Holland, J.A., and R.A. Neimeyer. 2010. "An examination of stage theory of grief among individuals bereaved of natural and violent causes: A meaning-oriented contribution." Omega 61(2):103–20.

2 Pennebaker, J.W., and S.K. Beall. 1986. "Confronting a traumatic event: Toward an understanding of inhibition and disease." Journal of Abnormal Psychology 95:274.

3 Pennebaker, J.W. Opening up: the healing power of expressing emotions. New York: Guilford Press, 1997. Frattaroli, J. 2006. "Experimental disclosure and its moderators: A meta-analysis." Psychological Bulletin 132:823.

4 Bower, J.E., M.E. Kemeny, S.E. Taylor, and J.L. Fahey. 2003. "Finding positive meaning and its association with natural killer cell cytotoxicity among participants in a bereavement-related disclosure intervention." Annals of Behavioral Medicine 25:146.

5 Laurent, C. 2003. "Wounds heal more quickly if patients are relieved of stress: A review of research by Susanne Scott and colleagues from King' s College. London. Presented at the annual conference of the British Psychological Society." BMJ 327:522.

6 Norman, S., Lumley, M., Dooley, J., & Diamond, M. (2004). "For whom does it work? Moderators of the effects of written emotional disclosure in women with chronic pelvic pain." Psychosomatic Medicine, 66, 174–183.

7 Harvey, A., & Farrell, C. (2003). "The efficacy of a Pennebaker-like writing intervention for poor sleepers." Behavioral Sleep Medicine, 1, 115–124.

8 Smyth, J., Hockemeyer, J., & Tulloch, H. (2008). "Expressive writing and post-traumatic stress disorder: effects on trauma symptoms, mood states, and cortisol reactivity." British Journal of Health Psychology, 13(1), 85–93.

9 Davidson, K., Schwartz, A., Sheffield, D., McCord, R., Lepore, S., & Gerin, W. (2002). "Expressive writing and blood pressure." In S. J. Lepore, & J. M. Smyth (Eds.), The writing cure: How expressive writing promotes health and emotional well-being (17–30). Washington, DC: American Psychological Association.

10 Park, C., and C. Blumberg. 2002. "Disclosing trauma through writing: Testing the meaning-making hypothesis." Cognitive Therapy & Research 26(5):597–617.

11 Poon, A., and S. Danoff-Burg. 2011. "Mindfulness as a moderator in expressive writing." Journal of Clinical Psychology 67(9):881–95.

12 Sloan, D., Feinstein, B., & Marx, B. (2009). "The durability of beneficial health effects associated with expressive writing." Anxiety, Stress, and Coping, 1 (1–15). Suhr, M., Risch, A., & Wilz, G. (2017). "Maintaining mental health through positive writing: effects of a resource diary on depression and emotional regulation." Journal of Clinical Psychology, 73(12), 1586–1598.

13 Graf, M., Gaudiano, B., & Geller, P. (2008). "Written emotional disclosure: A controlled study of the benefits of expressive writing homework in outpatient psychotherapy." Psychotherapy Research, 18, 389–399.

14 Meston, C., Tierney, A., Lorenz, M., & Stephenson, M. (2013). "Effects of expressive writing on sexual dysfunction, depression, and PTSD in women with a history of childhood sexual abuse:

results from a randomized clinical trial." International Society for Sexual Medicine, 10, 2177–2189. Schoutrop, M., Lange, A., Hanewalk, G., Davidovich, U., & Salomon, H. (2002). "Structured writing and processing major stressful events: A controlled trial." Psychotherapy and Psychosomatics, 71, 151–157.

15 Klein, K., and A. Boals. 2001. "Expressive writing can increase working memory capacity." Journal of Experimental Psychology: General, 130(3):520–33.

16 Ramirez, G., and S.L. Beilock. 2011. "Writing about testing worries boosts exam performance in the classroom." Science 331:211–3. Spera, E.D., J.W. Buhrfeind, and J.W. Pennebaker. 1994. "Expressive writing and coping with job loss." Academy of Management Journal 37:722–33.

17 Smyth, J. M. (1998). "Written emotional expression: effect sizes, outcome types, and moderating variables." Journal of Consulting Clinical Psychology, 66(1), 174–184.

18 Zhou, X., X. Wu, F. Fu, and Y. An. 2015. "Core belief challenge and rumination as predictors of PTSD and PTG among adolescent survivors of the Wenchuan earthquake." Psychological Trauma: Theory, Research, Practice, and Policy 7(4):391–7. https://doi-org.proxy-hs.researchport.umd.edu/10.1037/tra0000031.

19 Cann, A., L.G. Calhoun, R.G. Tedeschi, and D.T. Solomon. 2010. "Posttraumatic growth and depreciation as independent experiences and predictors of well-being." Journal of Loss and Trauma 15:151–66. http://dx.doi.org/10.1080/15325020903375826.

20 Bourassa, K.J., A. Manvelian, A. Boals, M.R. Mehl, and D.A. Sbarra. 2017. "Tell me a story: The creation of narrative as a mechanism of psychological recovery following marital separation."

Journal of Social & Clinical Psychology 36(5):359–79.

21 Pennebaker and Beall, 1986. Nolen-Hoeksema, S. “Ruminative coping and adjustment to bereavement.” In Handbook of Bereavement Research: Consequences, Coping, and Care. Washington, DC: American Psychological Association, 2001.

22 Kross, E., & Ayduk, O. (2011). “Making meaning out of negative experiences by self-distancing.” Current Directions in Psychological Science, 20(3), 187–191.

23 Smyth, 1998. “Written emotional expression.”

24 Pennebaker, J.W. 2010. “Expressive writing in a clinical setting: A brief practical guide to expressive writing for therapists and counselors.” Independent Practice 30:23–5.

| 第一章 |

設定意念與目標

懷抱希望，是走出黑暗的第一步

改變是必然發生，成長是有意為之。

——葛蘭達．克勞德（Glenda Cloud）

第一項暗夜綻放的原則，就是定下綻放的意念，也就是設定目標。然而，在探討這項原則何以重要、如何設定目標之前，我們先更明確地闡述「暗夜綻放」的含意。

「韌性」這字眼近來非常流行。想到暗夜綻放的時候，也許會想到韌性。兩者的概念雖是類似，卻不太相同。韌性有許多不同的解釋。例如：美國心理協會認為韌性是「面對逆境、創傷、不幸、威脅或重大壓力來源時，仍能適應良好的一種過程，指的是人在經歷困境後仍能『恢復原狀』」（APA[25]，n.d.）。而美國國土安全部[26]也同樣認為韌性是「有能力去抗拒、承受逆境或處境變化並從中復原，或者有能力成功適應逆境或處境變化。」另外，則有網路迷因說，韌性是「有重來的勇氣」[27]，這個定義我最喜歡。

所謂的適應或「重來」，涵蓋了很多意思。也許是車禍後仍回到駕駛座上，也許是面試十家公司都被婉拒後仍接受另一個工作的面試，也或許是被人背叛後仍再次墜入愛河。對我而言，韌性的意思是：不讓逆境去界定你這個人，以及你的夢想。

不只有韌性，還有未可知的心理彈力

暗夜綻放包含韌性的概念，卻不只有韌性而已。暗夜綻放，所談的不光是從創傷中復原，也不光是適應逆境，而是在承受創傷或逆境後變得更出色。在此用螺旋彈簧的例子來進一步解釋。把彈簧往下壓，接著停止施壓，彈簧會怎麼樣？你的第一個答案也許是：「彈簧會彈回原本的形狀。」而這樣的情景或答案就是韌性的本質，亦即回到原始的狀態。

然而，實際情況不只是那樣的情景而已。比如說，把桌子上擺放的彈簧往下壓，就必須使用一定的力道；也就是說，要施加一些能量才能把一圈圈的彈簧圈給壓扁，而那能量必須往某個地方去。因此，當手指鬆開後，彈簧內的能量會被釋放出來，彈簧會「蹦！」的一聲往上伸展。仔細觀察就會看到彈簧進一步往外延伸，變得比原本沒壓扁的樣子還要長。換言之，承受壓力後，彈簧會變得更為強大。

而這種「更強大」的情況並未止步於此。當手指從彈簧上放開後，彈簧不只是彈回原本的狀態而已，實際上還從桌子上彈了起來，往上、往前推進。彈簧本身越大、承受的壓力越大，就會彈得越遠。承受壓力後，彈簧會變得更為強大，而且一次會比一次更為強大。

選擇當一位暗夜綻放者，就是允許壓力施加於自己的人生，從而獲得所需的能量，在人生路上得以往前邁進。**並非儘管有壓力還是能更強大，而是承受了壓力「才能」更強大**。當彈簧經過壓縮，暫時看起來根本不像彈簧，於是才能跳躍起來。身為暗夜綻放者的我們，要等到人生裡有某樣事物崩塌了，才能往前跳躍，成為更出色的自己。而我們好比彈簧，每當考驗或創傷到來，也許會有一陣子變得不像是原本的樣子。在外表與感受上，往往會以為自己變得更小、更弱，比先前的自己還要微不足道。

然而，不管外表與感受如何，那並非真實的處境。其實在低潮的狀態下，在外表上、感受上以為自己更不足的時候，就會吸收所需的能量，變得比考驗到來前更加出色。我們吸收了成長所需的養分。

明白了嗎？傷痛的沉重施加在你的身上，並不是為了毀掉你，不是的，沉重的傷痛之所以在你身上，是為了把成長與綻放所需的一切，都交給你。

暗夜綻放者，會變得比原本更加出色

回到前文解釋韌性時提到的例子：駕駛者再次開車、找工作的人再次找工作、失去愛的人再次墜入愛河。現在更進一步，看看那些暗夜綻放者，是如何讓逆境推動他們在人生路上往前邁進的樣子。

出過車禍的女人不僅在車禍後再度開起車來，成了更有耐心的駕駛者，也成了更有耐心的人。她的性格有了大幅變化，與丈夫、孩子、朋友的關係也隨之大幅改善。

應徵工作的男人在遭受一連串的回絕後，不僅繼續接受工作面試，還在治療師的幫助下，花時間做些困難的自我反省，體會到他內心深處並不相信自己理應獲聘。他預期自己會被回絕，以為不只是潛在的雇主會回絕他，他人生中碰到的每個人也會回絕他。於是，他努力跨越這種負面的自我信念，後來不僅面試情況順利、拿到工作，還開始以嶄新的方式去享受人生。他整個人生觀變得更正面、更有吸引力。

被背叛的女人不僅再次墜入愛河，這次還全心全意愛對方。她在第二段的感情全心投入，體驗到前所未有的親密感。第二段感情帶來的充實感遠勝於第一段感情。她透過失去的經驗，學到了怎麼真正去愛人，怎麼接受他人的愛。

前述例子提到的人不僅是有韌性而已。實際上，他們不只是不願任由逆境去界定他們及其夢想，他們更是在「暗夜」中綻放：有一股能量讓他們人生裡的某樣東西崩塌，而他們利用這股能量促使自己變得更加出色。

充滿「希望」，就能帶來改變

你是否也常聽別人（或甚至是自己這樣說）：「不要抱太大的希望！」因此習慣懷著以下的想法：「如果抱著很大的希望，後來卻沒有實現，那就會更受傷。」甚至我們也習慣把以下的觀念給合理化：「期望放低一點，之後就不會那麼失望。」

在醫界，我聽同行說過這種話：「我不想讓患者有虛假的期望，所以我會告訴患者，（療癒、新療法有良好反應、迅速復原等的）機會渺茫。」每次聽到這種話，心裡都不由得一沉。希望是一股強大的力量，更是療癒與轉變的重要環節。想在暗夜裡綻放，就必須懷抱很大的希望。希望其實至關重要；之後的幾章，我們會再回頭談談有什麼方法可以餵養希望。

至於現在，就努力想想該如何讓自己懷抱偌大的希望，為將來的結果去定下意念或期望或目標。為什麼這點很重要？因為人們通常會獲得自己期望的事物。我指的並不是吸引力法則採用的方式（但我確實認為吸引力法則有某種能量，是目前仍沒有辦法充分理解的）。在心理學的領域，這樣的原則稱為「自我應驗的預言」。當人在期望著某件事的發生，自身的作為就會合乎內心的期望，而這類作為，有利帶來期望的事物。比方說，如果我們期望跟朋友共度開心的一晚，那麼見到朋友可能就會心情很好，很投入地跟朋友聊天，而朋友就會感受到我們的正面態度與投入感，並同樣回以正面的態度與投入感。我們從朋友那裡獲得很好的回應，受到鼓舞又愉快，而這又促進了更多正面的感覺與作為。最後，那晚到了尾聲的時候，我們為自己創造了開心的一晚。

反之，如果預期會痛苦，那麼見到朋友時，自己可能會態度不佳，要麼不跟朋友聊天，要麼講起話來很負面又挑剔。朋友不太能接受我們這樣，會以隱而不顯或沒那麼隱而不顯的訊息，表達出他們的失望或不滿。而這些訊息會進一步證實我們內心的期望（亦即「今晚會過得很痛苦」），而那晚到了尾聲的時候，就會經歷到內心期望自己經歷的情況。

信念具有強大的力量

還有一個例子，可以呈現希望或期望具備的強大力量，那就是安慰劑效應。

安慰劑是一種無作用的物質，成分及本身並不具有療癒的性質。然而，人只要期望糖片等無作用的物質會有幫助就能從中獲益，而這種情況稱之為安慰劑效應。根據哈佛醫學院研究員的研究結果，如果患者獲得的資訊和獲得資訊後（想必——研究員猜想這個影響是受試者期望有所變化使然，但由於研究員並未具體量測期望的變動度，因此不願貿然使用「想必」一詞）懷抱的期望會有所變化，那麼人體在接受藥物治療後的止痛經驗，就會明顯受到影響[28]。

在研究期間，對於為求緩解偏頭痛而服用的藥片，患者收到的資訊也許是真實，也許是虛假，也許是模稜兩可。有時，患者服用的是止痛藥，研究員說患者服用的是止痛藥（真實的情況）；有時，患者服用的是安慰劑，研究員說患者服用的是安慰劑，意思是沒有作用（亦即糖片），也不會對疼痛有任何影響（這也屬於真實的情況）。而在虛假的情況下，要麼患者服用止痛藥而研究員說那是安慰劑（來降低期望），要麼患者服用安慰劑而研究員說那是止痛藥（來提高期望）。最後，在模稜兩可的情況下，患者服用藥物，而研究員說那是安慰劑，或說那是止痛藥。

以下結果則是實驗。相較於服用安慰劑的患者，服用止痛藥的患者的疼痛程度大幅降低。此外，安慰劑患者的狀況好過於未治療的患者。這兩項發現都合乎預期。現在有一點很有意思，我們開始看見資訊與期望帶來的力量。服用偏頭痛藥物的患者聽到自己服用的是安慰劑以後，止痛效果就低於那些自以為服用藥物的患者（亦即用虛假的情況來降低期望）。換句話說，如果患者不相信自己服用的是藥物，止痛藥的效果就沒那麼好。

此外，患者服用安慰劑卻聽到自己服用的是藥物（亦即用虛假的情況來提高期望），止痛效果就會高於那些自以為服用安慰劑的患者。實際上，安慰劑患者獲得的止痛效果就跟藥物患者一樣，只是會聽到自己服用的是藥片罷了！換句話說，只要受試者以為自己實際上獲得藥物，那安慰劑就會比較有效。

由前述結果以及其他數以百計的類似研究的結果即可得知，**內心的期望會影響到自己，而且是神經細胞層次會受到影響**。人的信念有可能導致止痛藥發揮不了作用。不僅如此，只要認為自己要做的事可以減少疼痛，也就能帶來止痛效果。這種止痛效果不僅適用於生理疼痛，信念也會影響到情緒傷痛經驗。安慰劑效應與自我應驗預言的研究結果就是人會獲得內心期望的事物。有鑑於此，務必對內心的期望好好深思一番，並利用這股力量使自己獲益。

你的期望，就是你的選擇

不過，當人生把我們痛打一頓，可能很難期望情況好轉，尤其是被連番痛擊的時候，更是難上加難。此外，期待事情會好轉這件事情，也會令人感到害怕；因為，萬一情況不會好轉呢？該怎麼辦呢？想到自己不得不承受更多的傷痛與失望，就覺得難以忍受下去。然而，我從自己的人生中、從個案的人生中發現了一點，與其陷入無望、絕望、認輸的深淵裡，不如「『希望』情況改變卻沒看到改變」來得好多了。

你知道嗎，最令人訝異的一點是：你從來不是毫無期望，而是總是在期望著什麼。要不期望情況不會改變，或希望情況不會惡化也不會好轉。根據我們對自我應驗預言與安慰劑的所知，我們顯然可以用信念來改變現實。前言曾經提及感知就是現實，還記得吧？在此就該試驗看看，就該做出選擇，就該定下意念，提高你的期望，做好暗夜綻放的準備。

你此時此刻承受的苦痛，雖是你無從選擇的。不過，想如何回應苦痛，最後想成為怎樣的人，你是有選擇的。我所謂的「定下綻放的意念」，就是這個意思。**綻放或轉變並不是自然而然的過程，而必須具備明確、意念、決心、毅力的**

特質才做得到。

人這輩子想要的事物確實很少是自然而然發生。就大部分的事物而言，我們必須定下明確的目標（亦即定下自己對某件事物的信念與期望），也必須付出一些努力，並且堅持抱有期望、付出努力，直到實現目標為止。這些全都始於一開始定下的目標。研究結果十分明確：信念，亦即你的目標，它可以左右結果。

定下自己的意念吧！這是暗夜綻放的第一步。

設定目標＆意念的療癒書寫

下方列出的寫作題目有利於定下綻放的意念。你會投入「可能性的思考」（possibility thinking），也就是說，你不會對自己目前的思考層次設限，而會去夢想著自己希望會有何種處境與人生。在這種思考模式下，就能離開目前的情緒狀態與艱辛的人生處境。接著，你會具體知道自己想成為哪種人，想培養哪些人格特質，這輩子想專心投入哪些新的事物。

這次你開始定下這輩子的具體目標後，就會開始留意到一點，儘管正處於困難多變的情況，自己手中的掌控感與主導權卻變大了。雖然我們做的事基本上就是為自己定下目標，聽起來如此簡單，但那還是有別於許下新年願望，這點很重要，畢竟幾乎沒人能實現願望！

這種定下意念的工作是更為深刻的，是靈魂的工作。我們打造的生命線會通往將來的自己，請以另一種視角看待這段苦痛的時間，並從中創造出全新的意義與用意。相較於毫無傷痛的情況，有過傷痛的你反而更能做好準備。描寫的時候，夢想要大，探究要深！

◆ 期望與收穫

- 這段黑暗的時間，你有什麼期望？對於自己、對於別人、對於結果，到底有何期望？
- 你真正想要的收穫是什麼？
- 什麼期望或意念會帶來你渴望的收穫？

◆什麼事都有可能成真

我們先來玩一個小遊戲。試想一下，有一位無所不能、充滿愛的生物來到你的面前，默默送了你一份禮物，是一件用金箔包裝、大小剛好可以放在你掌心的精美禮物。它把禮物交給你之後就消失不見了。此時，似乎有溫暖的光從那一小包禮物中散發出來。你小心地拆開禮物，包了好幾層金色薄棉紙裡，有一小張紙卡。紙卡上用金色墨水寫了以下的訊息：「從現在開始，你的人生再也沒有限制。對你而言，什麼事都有可能成真。」

你覺得這則訊息是什麼意思？你以前一直不讓自己去相信、去期望、去盼望，而現在願意去相信、去期望、去盼望的事情，到底是什麼？哪些限制會結束？你第一件會做的事是什麼？第二件事呢？

◆定下綻放的意念與目標

當你還處於萌芽的種子狀態，此時正好是集中注意力、定下意念，以利完全綻放的最佳時機。為了定下綻放的意念，必須先確立自己眼中的「暗夜綻放」有何具體含意。請用二十分鐘的時間，閱讀下列題目並作答：

- 用幾句話描述你所處的黑暗（亦即你的傷痛、苦痛、失去）。
- 你覺得暗夜綻放是什麼意思？
- 最後你想成為怎樣的人？
- 假如你會成為完全綻放的人，那會是什麼模樣？或是，我們何以得知你已在暗夜中綻放了呢？
- 如果把你綻放的花瓣看成是人格特質，你的花瓣會是何種模樣？

- 當我置身於黑暗之中，往往會說：「置身於這片地獄並不是我要求的。但是你最好相信，如果我不得不經歷地獄，那麼我從另一端出來時肯定會變得更加出色。」你呢？你的意念宣言是什麼？

◆引領綻放的關鍵字

過去幾年，我不許下新年願望，而是挑選出一年的代表關鍵字。這些關鍵字代表的，是我一年的主題、我想成為怎樣的人、想吸引什麼進入我的人生、希望接下來三百六十五天過著怎樣的生活。這是非常有效，樂趣十足，也是定下當年意念的簡單方法，而我的目標就是實踐這個關鍵字。有一年，我選的關鍵字是喜悅，於是每天都格外努力在生活中創造、培養喜悅。不用說，那一年我過得確實極其喜悅。

現在不要選擇一年的代表關鍵字，請先為自己的綻放過程挑出一個關鍵字吧！也就是說，如果要選一個關鍵字來呈現內心期望的綻放過程，你會選哪個字？請先腦力激盪，想出一大堆的關鍵字，再選出最能引起共鳴的字眼。

◆為了幫助各位選出最佳關鍵字，請思考以下問題：

- 你想成為怎樣的人？
- 你這輩子想吸引到什麼？
- 在這段時間，你想展現什麼？
- 經過一段置身於黑暗的時間，最後獲得的最珍貴的寶物或理想會是什麼？
- 什麼樣的字詞能激勵你？

選出關鍵字之後，請回答下列問題：

- 假如你每天都要實踐這個關鍵字，那麼從現在起的一年後，你的人生會有什麼不同？
- 哪三種習慣，能幫助你實踐這個關鍵字？

◆ **將這段黑暗時期的故事寫下來**

最後一道題目，是想一想這段黑暗的時節過去之後，會想說出怎樣的故事，來描述你與你的人生，請寫出來。也就是說，請把你那有如全壘打般的綻放一年，用文字完整寫下來。

在紙頁上寫好日期，日期是從現在算起的一年後。現在，詳細描述當時發生的情況、你的感覺、你的成就、你的表現、你有過哪些類型的念頭、你成為哪種人等。寫出你度過的精彩綻放一年，盡情書寫！務必用現在式書寫（例如，我有、我是、我覺得等等）。

◆ **寫完之後，你覺得……**

1. 完成上述的書寫題目後，你的心中浮現了什麼？你也許會留意到自己有了某些念頭、情緒、主題、見解，或甚至是抗拒與懷疑，有沒有什麼事讓你覺得訝異？

2. 你本週有何成長？就算是只稍微成長也算在內。你有沒有做出任何改變？有哪些地方是你引以為榮的？
3. 你在人生中，如何持續應用這個綻放原則呢？

持續綻放的訣竅

你已順利完成暗夜綻放的第一項原則，恭喜！寫下的文字（亦即信念與目標轉譯到紙頁上）正如信念，都具有創造力。要持續跟隨意念的方向前行，務必時刻不忘這個意念與目標。現在，花點時間思考有何最佳方法能做到這點。比如說，從本章起，也許可以每週一次把自己寫的日誌從頭到尾讀一遍。也或許可以寫一張綻放意念便條給自己，貼在浴室鏡子上或放進皮夾裡，這樣每天都可以看得到。

如果在你看來，這種看待自身傷痛與苦痛的全新思考模式，實在難以置信，那也沒關係。有些人很快就能轉換到新的看法與觀點，有些人則需要沉浸在新的看法更久一些，才有辦法成為自己的真正的新視角。沒關係，如果很難接納綻放的新想法，試試看設定十分鐘的計時器，在那段十分鐘的時間，別想著眼前的現實，盡量好好想一想那些綻放的想法。

這樣想著的時候，就好像一次把一根腳趾頭浸入新視角中，你還不用徹底浸在裡頭。重點是你開始浸入其中，腦子就有機會從另一種視角思考自身的處境。把某件事納入了可能成真的範疇後，才能經歷到那件事，而要做到這點，自己就要先認為那件事有可能成真。經過十分鐘後，就可以回到先前的視角。計時器也許可以每過一天就設久一點，日誌也可以每天多寫一點、更深入一點，讓自己多想想綻放的可能性。

為自己打造綻放的願景與意念，這樣不僅能開始鞏固希望，也能提供重要的容器，容納後續的哀傷處理作業。

暗夜綻放者：達西

達西二十歲念大一時，被大四生約翰迷得暈頭轉向，約翰住在達西宿舍房間的樓上。達西享受著新鮮的獨立生活，越來越常跟約翰和他朋友一起喝酒。她從他們那裡嘗到大麻的滋味，不久後一週有好幾晚都是一邊喝酒一邊抽大麻。她有好幾次喝多了，喝到斷片。她感受到人生即將脫軌，內心煎熬不已。可是，那樣不太需要守規矩過日子，而且又跟年紀較大的男人約會的刺激感，她那種種看似不嚴重的疑慮，就此被掩蓋下來。

然後，她開始留意到身上有不明的瘀青和抓痕，還以為是自己醉了笨手笨腳造成的。後來某天晚上，她二十一歲生日那天，去酒吧跟約翰一起喝酒慶祝，然後醒在他的床上，他在她的身上。她記得自己覺得好像被下藥了，只是喝了一杯酒而已，怎麼會這樣。她失去意識，幾小時後，再度醒來，約翰強行與她發生關係。當晚發生了三次。最後，她重新恢復意識，發現約翰睡在她旁邊，她傳訊息給好友，請對方過來接她，她默默離開。

對於這起強暴案，她從來沒報警，只是選擇以後再也不跟約翰往來。不過，他下藥強暴她的記憶不斷在她的腦海浮現，有如無止盡重演的惡夢。他如此對她，應該不是只有那一次而已，這件事折磨著她。

該學期結束後，她來找我。因為她憂鬱、緊張，受到創傷，恐慌症經常發作，還自殘、飲酒、使用大麻來應付情緒傷痛。她怕自己永遠都好不了。這世界再也不是安全的地方，雖然渴望愛、渴望感情，但是一想到約會，就被恐懼感束縛得動彈不了。

達西努力接受治療。一開始是讓她對所處的環境和她的身體擁有安全感，接著再處理創傷及其餘波。而我們在討論了暗夜綻放的想法以後，她開始深思自己想成為怎樣的人、想如何度過往後的人生。於是，她開始努力把綻放的意念化為現實。她加入戒酒無名會（AA），酒精、大麻、自殘行為全都戒了。她不再跟原本的朋友圈往來，這樣就不會受到誘惑，從事有害的行為。她體悟到她選的科系不適合自己，於是勇敢退出電腦科學系，進入創意寫作系。她加入詩作團體，交了一群新朋友，當中有些很好的男性友人。她跟自身的靈性重新連結，也體悟到自己在這世上的使命，就是成為療癒者。

此外，她開始寫作，不斷書寫。在那幾個月期間，除了用部落格與日誌書寫，還寫了五十九首詩描繪創傷、心碎、傷痛，以及邁向療癒與韌性的過程。她以美好、有時心痛的詩作描述自己最終如何在荒蕪與黑暗之中找到意義。她說：「我在黑暗裡找到贈禮，那份贈禮就是我自己。」相較於經歷這段黑暗傷痛時間前的自己，脫離創傷後確實變得更美好、更有自主力量。

前陣子，她出版詩集，獻給那些曾經感到孤獨、心碎、被侵害或被虐待的人們，並期望他們在療癒過程中獲得慰藉與希望。

25 APA, n.d

26 DHS Risk Lexicon, US Department of Homeland Security. September 2008. http://www.dhs.gov/xlibrary/assets/dhs_risk_lexicon.pdf.

27 Unknown author.

28 Kam-Hansen, S., M. Jakubowski, J.M. Kelley, I. Kirsch, D.C. Hoaglin, T.J. Kaptchuk, and R. Burstein. 2014. "Altered placebo and drug labeling changes the outcome of episodic migraine attacks." Science Translational Medicine 6(218):218ra5. https://doi.org/10.1126/scitranslmed.3006175.

第二章

正視悲傷

承認負面情緒，哀傷而後成長

悲傷的到來，是為了擴充喜悅之心的空間。

——考門夫人（L. B. Cowman）

我們已在上一篇定下了意念和目標，知道自己在綻放過程結束後想成為什麼樣的人。這個頗有遠見的步驟，往往會令人覺得充滿希望，並準備好繼續取得進展。在此，雖不太喜歡潑冷水，但還是要說，對將來的自己懷有願景，其實並不是已經做好綻放的準備。

暗夜綻放的下一項原則，實踐起來會相對困難許多，卻也是至關重要的一環：我們必須先為自身的失去感到哀傷，才能得以成長。換言之，必須正視悲傷，才能在「悲傷之上」獲得不一樣的感受。

聽到我這樣說，也許你會不想再讀下去，立刻翻到下一章。然而，雖是困難，題材消化起來也很緩慢，但請千萬不要跳過本章。如果現在還沒準備好，可以稍後再回到書寫練習，但是請不要欺騙自己，覺得這個步驟不適合自己，或是不重要。

正如種子必須先裂開才得以產出新生命，人也必須承認自己對於失去、對於人生的巨變感到哀傷與傷痛，才得以獲得療癒與成長。想要度過哀傷，沒有捷徑可走。相信我，我已竭盡所能想替自己和個案找出一條捷徑，也知道在我之前已有很多人提出類似的建議：唯有去承認、去感受自身的哀傷，才能度過哀傷。

「痛苦時間」必然存在

德國作家妮娜．葛歐格（Nina George）的小說《巴黎小書店》（*The Little Paris Bookshop*），有個角色針對哀傷一事，對主角的尚．佩赫杜（Jean Perdu）提出明智的建言。尚失去人生摯愛，努力逃避內心的哀傷與憤怒已有多年。他沒能在摯愛離世前見她一面，因此哀傷又愧疚。而他的朋友說：

「尚・佩赫杜，你知道嗎？在每回的結束後，下一回的新開端前，有一處中間地帶，叫做痛苦時間，那是一片沼澤，你的夢想、憂慮、遺忘的計畫全都集中在那裡。在痛苦時間，你的步伐變得沉重起來。尚啊，在告別之後，在新的啟程之前，不要低估了當中的過渡時間。需要多少時間，就給自己多少時間吧。有些門檻太寬了，一步是跨不過的。」

哀傷確實是一種「痛苦時間」，而正如這名稱所示，需要時間才能度過，有時需要很多時間才行。除了建議要正視痛苦時間之外，還要多說一句，**在這段痛苦時間內做的事情非常重要**。尚・佩赫杜在二十年前失去摯愛，與哀傷共度二十年，時間顯然療癒不了他的傷痛。然而，尚全神貫注在自身的哀傷上，徹底感受哀傷、描寫哀傷、談論哀傷，投入心目中有意義又療癒的活動，後來終於有能力度過哀傷並重新開始。尚把這段過程稱為「學習如何在水中呼吸」，而這一切都始於他把注意力放在哀傷上。

情緒傷痛就像生理疼痛，需要被關注

想一想你上次身體受傷的狀況，也許是切菜切到手，也許是刮鬍子刮傷自己，也許是用力關門卻傷到手指，也許是走樓梯摔下來扭傷腳踝。身體受傷時，你做的第一件事情是什麼？你會停下動作，全神貫注在受傷的身體部位上，對吧？你之所以這樣做，是因為生理疼痛是一種信號，要人停下動作並多加留意；也就是說，生理疼痛的存在是為了保護我們。假如我們碰到很燙的爐子，手指灼熱疼痛而抽痛著，那麼我們會停下一切動作，全神貫注在剛才發生的狀況上，把手指盡快從爐子上移開。因為若不這樣做，就會失去手指，甚至會有更慘的下場。接著，也許會把手指浸在冷水內或敷冰塊，燙傷更嚴重的話，甚至會去看醫生。重點是，我們會先把注意力放在傷痛上，然後再盡一切所能，讓手指痊癒。

情緒傷痛也是同樣的道理。**情緒傷痛是一種訊號，要人們停下動作並多加留意**。然而，在多數人的眼中，情緒傷痛的重要性及其所獲得的注意力，多半不如生理疼痛。而這樣是很可惜的，因為若不去照料情緒，傷痛就無法徹底痊癒。然而對許多人而言，處理情緒傷痛與苦痛的困難度，遠高於生理疼痛。

我剛離婚時，朋友莎拉說出了一件千真萬確的事。她說：「如果有人此時此刻看得到你的心，肯定會把你送進醫院的創傷中心。可是沒人看得到，所以他們就以為幾個星期後你應該就會沒事了。可是你的心沒有好，需要大量的關注與治療。」同樣的話，或許也可以說給此時此刻的你聽。情緒傷痛必須獲得照料。有時，存亡與否就要看情緒傷痛是否獲得足夠的照料，而我這麼說並非誇大其辭。

我之所以把寫作當成是促進綻放過程的一種手法，其中一項原因，就在於寫作最能讓人停下動作並把注意力放在傷痛上。我們必須先承認情緒傷痛的存在，才能把情緒傷痛給釋放出來。當我們花時間描寫自身的苦痛經驗，就等於是承認了苦痛的存在，並有了釋放苦痛的意念。用生理疼痛作為比喻的話，寫作就等於是照料傷口、沖掉碎屑、塗抹修護膏、貼上繃帶，好讓傷口快速徹底復原。

哀傷有如訪客

哀傷來臨之時，往往有夥伴同行。當哀傷「走進我家大門」，好像要永久住在我心裡時，緊跟在後的還有傷心、絕望、恐懼、不知所措的感覺。剛分居不久的時候，我會有好幾個小時都以胎兒姿勢蜷曲在地板上，發出的聲音是我從沒聽過自己發出的。我覺得自己的靈魂即將死去，那種感覺很可怕。然而，當我的傷心在地板上、在日誌裡發了聲以後，卻帶來療癒感，尤其是工作日不得不花很多時間拚命設法撐下去的時候。

也許，你經歷的情緒類似我前文描述的那些情緒。伴隨哀傷而來的，有可能是無望、無助、焦慮、恐慌、怨恨、易怒、懷疑、困惑、麻木等感覺。那些，有可能感覺像是情緒上的侵擾，你也許不曉得自己以後會不會恢復。當我陷入混亂的情緒，蘇菲派（Sufi Poet）詩人魯米（Rumi）的詩作〈訪客之屋〉（The Guest House）帶給我很大的幫助。魯米在該首詩當中把自己的軀體稱為「訪客之屋」，說每天都有情緒訪客到來（你聽到沒？是訪客！意思是訪客不會一直住著不走）。魯米鼓勵大家「歡迎訪客、招待訪客」。當哀傷及其同伴強行進入我的人生，我的第一個反應肯定不是歡迎對方、招待對方，我想把那些情緒一個個盡快給踢到路邊去。

不過，請聽聽看魯米的說法吧！他之所以要我們像邀請人來家中作客，並感到榮幸那樣，去歡迎甚至感激這些情緒的到來，是基於以下的理由：「因為每一個情緒都是遠方派來的嚮導。」魯米認為悲傷、憂鬱、黑暗的念頭來到此處並不是為了毀掉我們，就算我們日復一日經歷而往往產生那樣的感覺，那些情緒也絕非來者不善。我們感受到那些情緒越久，那些情緒確實就越像是癲狂的訪客，前來毀掉我們的人生。然而，魯米認為這些情緒訪客有如私人嚮導，如果不管現身的情緒是什麼，我們都可以表示歡迎，那就能收到情緒帶來的訊息。我認為該首詩有一行最充滿希望，他說就算是最暴力、最難以承受的情緒還是「有可能為你清出空間，收納新的喜悅」。這種說法讓哀傷顯得有益了，不是嗎？

話雖如此，我並不是在說大家都想沉溺在自身的哀傷裡。相反的，研究哀傷的人員認為人必須在哀傷處理作業中「往返進出」[29]。人需要時間關注自身的哀傷，也需要時間關注人生中的其他事物；就算是為了緩解自己的狀況並保持一定距離，而要否認、逃避或分心一小段時間，這樣也好。我要說的，是各位不用恐懼自身的哀傷。實際上，如果可以找到方法歡迎哀傷進來作客一段時間，那麼也許會學到一兩件事，還會發現哀傷並不是要永遠住在我們的心裡，而是有訊息要傳達，讓我們準備好接納新的事物，甚而接納新的喜悅。

悲傷，有時會是一連串的失去

為了不讓你覺得本章不適合你，一直想跳過本章，在此務必要明白一點：不是只有離婚過或摯愛離世的人們，才需要承認哀傷的存在。人生中會經歷各種失去與逆境，而很多的失去與逆境就算沒有引起前述的諸多情緒，也會引發哀傷的感覺。

此外，人不僅會為了自己失去的重要事物，例如：摯愛、寵物、關係、健康等，而感到哀傷，也會為了連帶失去的其他事物而感到悲痛。比如說，失去配偶，多半也會連帶失去情感支持、失去養育子女的幫手、失去一份經濟來源、失去自己身為妻子或丈夫的身分、失去社交，例如，單身後參加夫妻出席的活動，就再也不覺得自在了。

失去後，往往也要學習新技能、擔負新責任；而哀傷的時候，有可能會覺得壓力很大或不知所措。先生離開前，我不曉得處理家務有多耗費心力；而在他離開後，我不得不弄清楚許多理家的細節。剛開始，我不知所措，覺得很不公平。後來漸漸熟練起來，懂得修理壞掉的東西，越來越有信心。雖然，我還是沒辦法說自己享受理家的「樂趣」，但擔負新的角色和責任後，卻變得更堅強、更有能力。我覺得自己更獨立、更能勝任，為此感激不已。

你此時此刻要處理的失去也可能不只一個，有時，失去一件重要事物，也會隨之失去許多其他事物。所以要花點時間，承認自己失去了這些額外的事物。你此時此刻感受到的哀傷與其他情緒，有一部分是那些事物引發的。

正視悲傷的目標，不是等待「結局」

哀傷時，若傷口還被撒鹽，就比較容易出現身心健康問題。防禦機制倒下，疲憊不堪、筋疲力盡，各個層面都隨之脆弱不已。由此可見，千萬不能否認自身的哀傷，同時也絕對不要後半輩子都陷入哀傷之中。**悲傷有如隧道，碰到就必須穿過**。也因為像是隧道，我不確定會不會有「收場的結局」，也暫且不論那到底是什麼意思。

當你失去所愛的人或東西，那樣的失去永遠沒有結束的一天，就像是你對那個人或那樣東西的愛不會結束。

傷慟理論者認為，瑞士裔美國精神科醫師庫伯勒—羅絲（Kübler-Ross）提出的大眾化的「哀傷五階段」理論確實有其侷限之處，很少人是那樣依序經歷哀傷階段。哀傷專家認為人一定要去經歷那些不斷發展及變動的哀傷過程，例如：重新建構意義感、跟自己失去的人或東西重新建立關係等[30]。

比方說，不要試著去找「結束這一切的結局」，現在反而要去找出一些方法，跟自己失去的人或東西繼續維繫著羈絆[31]。人或東西的實體再也不存在，並不表示羈絆或關係就非得結束不可。我有許多哀傷至極的個案都表示，他們找到其他方法來建立自己跟摯愛之間的羈絆，並樂在其中，獲得不少寬慰與慰藉。很多人還是會對摯愛說話，有些人會寫信，有些人會坐在花園裡，一語不發地跟摯愛交流。重要的是這樣的羈絆會以你心目中有意義的方式持續下去。

悲傷至什麼狀況時，該尋求專業協助？

哀傷會讓你覺得自己快瘋了、好像要失去控制了。我記得自己曾經在雜貨店裡，排著隊就突然哭了出來，而且還不只一次。有時是因為某件東西讓我想起了先生，有時是因為有人突然對我很好，有時是我不曉得自己怎麼一下子就哭了出來。這整個經驗令我十分不安，而我又喜歡掌控自己人生的感覺，不喜歡在公開場合表現自己的情緒，於是變得格外不安！然而在這段不安的經驗中我學到一點，而你或許也已經學到了：**哀傷有如波浪，會毫無徵兆突然到來，有可能淹沒**

並破壞一切。然而，也正因為像波浪，哀傷會在某一刻到達高峰而後落下，而你的任務就是「駕馭波浪」。在此保證，一段時間過後，情緒之海就會漸漸平靜，波浪撲來的頻率也會變少。雖然波浪永遠不會有徹底消失的一天，但只要掌控波浪的能力提升了，波浪的強度確實會隨之減弱。

人的哀傷方式各有不同，哀傷的時間長度也各有差異。有些人覺得自己需要對自身的哀傷表示歉意，有些個案會說：「對不起，不應該失去了狗就哭成這樣，簡直像是失去了孩子。我竟然傷心成這樣，莫名其妙。」而我要這樣說，你永遠不用對自身的哀傷表示歉意。你之所以哀傷，是因為你之前付出了許多愛。愛是愛，哀傷是哀傷。去感受你失去後出現的感覺與悲痛吧！需要多少時間就花多少時間吧！即使我再怎麼不希望悲傷存在，但悲傷仍是人生中很正常的一部分。

雖說如此，碰到以下情況就跟心理健康專家談談吧！哀傷持續存在，永無止盡，很久都沒有緩解或減少，或者甚至惡化；什麼也沒辦法想，只想著自己失去的人或東西；經歷強烈的情緒傷痛，感受不到任何正面的情緒。在醫學與心理健康領域，有種傷慟反應必須接受專業協助。那就是短時間內連續承受多種失去，當中沒有充分的時間復原，進而經歷長久的哀傷。訓練有素的專家可判定你是否符合這類型的哀傷，並據此提供合適的治療，好讓你最後能恢復健康。

如果每天幾乎絕大多數的時間都情緒低落或憂鬱，或者原本喜歡的事情現在沒有興趣，這種情況持續好幾週以上，那麼請去看醫生或心理健康專家。就算沒有處於前述的極端狀態，跟治療師聊過後可能也會有所幫助。我自己就獲益不少。對方應該要有惻隱之心，很好聊，也受過訓練，懂得幫助人們應對哀傷和（或）傷慟，端看你的失去，具體屬於何種類型。

正視悲傷的療癒書寫

在下列的書寫題目，你有機會承認自身傷痛的存在，並表露苦痛與哀傷。請把這些題目當成是「痛苦時間」的療癒方法。如前文所述，根據研究顯示，寫完後成果最好的人，是把處境裡的各種實情以及自己對實情的感受都寫出來的人，不是只寫其中一種實情的人。這些題目是為了幫助你寫出這兩種東西。此外，這些題目還運用了敘事治療與創傷導向治療，採用這兩種療法的人會訴說自身的故事，並換另一種角度，然後再度訴說，藉此通往痊癒。在換種角度訴說的過程中，創傷故事會融入整體的人生故事，失去了原本的情緒強度。由此可見，如果覺得自己好像寫同一件事寫了好幾次，只是寫的方式稍有不同，確實是這樣沒錯！當中有些題目可能會引起你的共鳴，並且呼應了你那特定的失去。請把注意力放在這些題目上。也可以把任何一道題目修改得更適合你。

此外，請記住以下研究結果：**要有時間去承認自身哀傷的存在，也要有時間**

遠離自身的哀傷[32]，以上兩者都是重要的療癒環節。因此，請投入下方的書寫練習，並按照自己的步調進行。我之所以構思這些題目，是要幫助各位承認自身哀傷的存在並加以處理。然而，也不要在本章紮營不離開。其餘幾章及其隨附的書寫練習是用於幫助你度過哀傷，並找到新的意義、用意、療癒。本章的書寫練習是個開始，但也只是個開端。根據研究顯示，要度過哀傷，有個重要的環節是「重建意義」[33]。你會在本章表達自身的哀傷，而這麼做了以後，甚至有可能開始進行這件創造意義的工作，但其餘的綻放原則是特別用來幫助你針對自身的失去與逆境創造意義及重建敘事。

親愛的朋友，請鼓起勇氣看向眼前的綻放、希望，還有一大堆未可知。

◆ 開始書寫前的注意事項

鑽進自身的傷痛，絕非易事。在此有幾項訣竅可幫助各位度過這個過程，這樣就不會埋首於哀傷的表現，而是把哀傷傾訴於紙頁，找到一些寬慰。

- 先設定計時器，再開始書寫。如此一來，你會固定一段時間沉浸在書寫中，不會陷入書寫好幾個小時。
- 務必先完成前兩題「暖身題」，再鑽研之後一些跟哀傷有關的題目。我構思的這些題目是為了幫助各位蒐集情緒資源，好度過這段悲傷過程。
- 事先安排你喜歡做的某件事情，最好是能跟別人一起做的事情，並在寫完之後立刻進行。
- 這想必是不容易的。記住，根據研究顯示，有些人在描寫了困難的題材後，情緒上的困擾和負面的情緒隨之增加。這是意料之中的情況，但情況會好轉的。
- 謹記「氣壞了／嚇壞了」法則。如果書寫時，感到快要氣壞了或嚇壞了，請停止書寫，做幾次深呼吸，做某件會讓自己冷靜下來的事，待準備好了再回到書寫上。
- 你開始承認自身哀傷的存在並釋放出來的時候，可能會希望家人、朋友或優秀的治療師給予支持。

- 本章各個書寫練習的結尾，皆有提振精神的題目，請試著寫寫看，用比較正面的註解來結束當日的書寫與處理作業。

暖身題　當感到不知所措時，什麼事情能讓你迅速放鬆？

既然會在本章描寫一些棘手的事情，一開始先蒐集有用資源吧！是什麼資源呢？想想看，負面的情緒或記憶出現並開始覺得不知所措時，有哪些方式可以讓自己舒服點，請全部列出來。

換句話說，是什麼事情幫助你應對悲傷情緒？可以是大事，也可以是小事，只要那件事能讓你覺得更正面或更放鬆就行了。你可以在書寫哀傷期間或之後做這類事情。感受自身的哀傷是很重要，但暫時遠離哀傷也很重要。找到的可應對的資源，就可以幫助你做到這點。

暖身題　打造專屬自己的靜謐之處

花點時間讓自己放鬆下來。閉上眼睛，坐在椅子上的話就不要翹腳，雙手放鬆，做幾次深呼吸。專注呼吸一會兒，並隨著每次的吸氣與呼氣更加放鬆下來。現在想像自己來到靜謐之處，也許是以前去過的地方，或一直想去的地方，或只存在於腦海裡的地方。重點是，你在這個地方會覺得很平靜。選好地方後，把雙眼當成電影攝影機，努力想像出那個地方的樣子，越詳細越好。你聽到什麼？聞到什麼？嚐到什麼？感受到什麼觸感？請留意自己在靜謐之處有何情緒感受。

現在，睜開眼睛，詳細描寫你的靜謐之處，並替這個地方取個名字。當之後寫作時，一浮現負面的念頭或情緒開始覺得不知所措時，就停下動作，並想像自己來到這個靜謐之處。若痛苦並哀傷得不知所措，就請想像靜謐之處吧！

◆這些痛苦，帶給你什麼樣的改變？

下文列出的典型書寫題目是由美國社會心理學家彭尼貝克博士（Dr.

Pennebaker）所設計，而在表達式寫作研究時都會採用這些題目。你因哀傷與失去而拿起本書，在此鼓勵你試著用這些題目來表達哀傷與失去。根據研究顯示，就算受試者所寫的題材並不是自身碰過的重要問題，但還是會有所改善。

接下來的十五至二十分鐘，**請描寫創傷經驗或改變人生的經驗**。寫的時候要真正放手去寫，探討自己最深的情緒與念頭。也許可以把創傷跟童年給綁在一起，把創傷跟你和他人（包括家長、情人、朋友、親戚）的關係給綁在一起。也可以把事件跟自己的過去、現在、將來給連結在一起，把事件跟自己一直以來的樣子、想要成為的樣子、現在的樣子給連結在一起。

不是人人都有著某一種創傷，但大家全都有著一些重大的衝突或壓力源，而你也可以描寫這些衝突或壓力源。

◆ 你認為痛苦很重要嗎？

「我對某個認識的人說：『我不知道這件事為什麼會那麼痛苦。』她說：『會痛苦是因為很重要。』我因此有了很大的體悟，人生有些事情會帶來痛苦，會痛苦是因為很重要。」

——約翰．葛林（John Green）

這位美國作家說：「會痛苦是因為很重要。」你認為那是什麼意思？你認同他的想法嗎？在你的人生中，哪些事情帶來痛苦是因為很重要？

◆最痛苦的事情是什麼？

對於那些處於傷痛狀態的個案，我經常會問以下的問題：「此時此刻什麼最痛苦？」答案也許每天都不一樣，也許每天都一樣。有時會是最難以開口說出的事情，也往往是該開口說出的最重要的事情。好比去看醫生，醫生會想知道疼痛的位置，好處理病痛的根源。同樣的，寫作的時候也要設法著手處理傷痛根源。

如果你的情況是這樣，也許可以選擇回答另一個類似的問題：「你失去的那個人或那件事物，有什麼是你最『想念』的？」進入這些黑暗的地方待個幾分鐘吧！如有需要，請在書寫期間或之後運用先前暖身題中提到的靜謐之處。

◆你還失去了什麼？

你失去主要的事物後，還因此失去了其他哪些事物？請列出來。這些事物也許屬於以下的種類：身分或家人，或是社會上、靈性上、生理上、心理上、經濟上、情緒上、實際上的支持等。

此外，也想一想自己在失去後不得不承擔哪些新的角色與責任，請列出來。現在閱讀你列出的項目。對於自己會有那樣的感覺，有沒有變得更寬容以待？

◆拉開距離，以第三人稱敘寫自身的悲傷故事

根據部分研究顯示，只要從不同的觀點，亦即採用第三人稱視角而不是第一

人稱的視角書寫，就能幫助那些承受強烈念頭侵擾的人們。那些人被自身處境或苦痛的念頭纏著不放，就算不想要想起來，那些念頭也還是會出現。另外，根據某項研究，承受強烈侵擾念頭的人們若是以第三人稱書寫，就能從寫作中獲得更多短期與長期的好處，健康也會有所改善[34]。這有可能是因為以第三人稱視角書寫，就能在情緒與認知方面，跟自身的傷痛與艱苦的人生處境拉開一段距離。

現在，不要用第一人稱視角（亦即我），請用第三人稱視角（亦即她或他）描寫自己置身黑暗的狀況，或經歷過的一段逆境。也就是說，描寫自己的故事時，要寫得像是那故事發生在別人的身上。請留意這種寫作技巧是否幫助你在情緒上跟苦痛拉開一段距離。

第一人稱書寫範例如下：「今天有人跟我說，我被開除了，當時我全身動彈不得，嚇到說不出話來，迷迷糊糊走出大樓。」

第三人稱書寫範例如下：「今天有人跟她說，她被開除了，當時她看來動彈不得，她沒有開口說話，離開大樓時，好像還迷迷糊糊的。」

◆跟失去的摯愛對話

下列題目可幫助那些失去摯愛的人們。失去摯愛，也許是死亡或離婚所致，也許是發生其他事件導致關係破裂。在這個書寫練習中，請想像自己跟失去的摯愛對話。你想跟對方說什麼？請寫下來。然後，想想對方會回你什麼話，也請寫下來。可以把兩人的對談編寫成故事裡會出現的對話，兩人輪流說話。也可以寫一封信給摯愛，然後站在摯愛的視角，回一封信給自己。

對話或信函寫完以後，請回答下列的反思問題：

- 你投入這場對話時，想到了什麼？
- 對於摯愛所說的話，你有什麼想法？有沒有帶來安慰，或得到得到領悟？
- 如何運用這種寫作技巧來維繫你與摯愛之間的羈絆？

◆訪客之屋

如果還沒讀過魯米的詩作〈訪客之屋〉，就請先讀讀看吧！這首詩在網路上很容易就找得到。讀完後，請回答下列問題：

- 讀這首詩的時候，你的內在起了什麼變化？
- 你有了什麼念頭？
- 你有沒有把自身的情緒看成是訪客？就算是最暴力、最難以應對的情緒，也如此看待嗎？你是否以敬重的態度看待情緒？若無，原因為何？
- 你的情緒「能為你清出空間，收納新的喜悅」；對於這個想法有何看法？
- 這個想法如何改變你看待及應對哀傷的方式？

◆結束悲傷寫作的幾個小題目

- 相信痛苦時間，會是怎樣的情況？比如說，相信哀傷不會毀掉你；相信哀傷不會一直都這麼強烈；相信哀傷只是綻放過程的一部分。是什麼在阻止你相信痛苦時間？
- 有鑑於剛才描寫的創傷事件或壓力事件，你需要什麼才能邁向更平靜、更療癒的人生？

- 你還有其他需要承認的事情存在嗎？有沒有什麼事情是你一直忽略或害怕承認的？
- 有沒有什麼事情是需要在書寫時探討的？如果有，請先記下來，方便之後回頭探討，或者現在就花點時間寫出來。

◆終於寫完了，提振一下精神吧！

描寫自身的傷痛、感受自身的哀傷，在情緒上可說是很辛苦的事情。在完成當天的書寫後，如果需要稍微提振精神，下文的題目有助於轉換情緒狀態。

花五分鐘的時間描寫某次覺得很快樂或平靜的時候，或上次笑出來的時候，或某次覺得被愛的時候。你在哪裡？你跟誰在一起？天氣怎麼樣？有沒有什麼特別的事情引發了這樣的快樂？如果有，是什麼事情？請盡量詳細描寫這段快樂時光或平靜時光，設法用文字來重現那種感覺。

如果那些回憶跟失去、跟目前的傷痛有關，而以上的想法讓你傷心了，那也許可以描寫某個會讓你微笑的人或事物，或愛你的人（包含寵物！），或你喜愛、感激的事物，並讓自己沉浸在這些正面情緒裡幾分鐘，慢慢來沒關係。

◆寫完之後，你覺得……

1. 完成本章的書寫題目後，心中浮現了什麼？描寫和感受自身的哀傷，比預期中的簡單？還是困難？
2. 你本週有何成長？就算是只有些微成長也算在內。有哪些地方是你覺得引以為榮的？
3. 你在人生中如何持續應用這個綻放原則呢？

持續綻放的訣竅

本章的練習並不容易，但你還是撐過去了，或此時此刻盡量撐過去了，總之我對你的表現引以為榮。如果你覺得疲累、憂鬱、無精打采，這很正常，你做的事在情緒上是很吃力的！

因此，花時間寫作來處理自身的哀傷與苦痛時，要記得好好照顧自己。好好照顧自己的意思就是睡眠充足、健康飲食、從事某種運動、跟關心你的人們花時間相處、滋養靈性、跟治療師合作、參與可培養自己及恢復活力的活動。

在綻放過程中，哀傷是頗有難度卻關鍵的環節。有些人在這個步驟需要花很長的時間（好比身體上有些傷口需要更久的時間才能痊癒），而很多人在整個過程中會需要重溫這個步驟。千萬不要匆忙趕完這個步驟。在此保證，「將來的你」會感謝「現在的你」完成了這件難事。

29 Stroebe, M., and H. Schut. 1999. “The dual process model of coping with bereavement: Rationale and description.” Death Studies 23(3):197–224.

30 Neimeyer, R.A. 2000. “Searching for the meaning of meaning: Grief therapy and the process of reconstruction.” Death Studies 24:541–58.

31 Stroebe and Schut, 1999. “The dual process model.”

32 ibid.

33 Neimeyer, 2000. “Searching for the meaning of meaning.”

34 Andersson, M., and C. Conley. 2013. “Optimizing the perceived benefits and health outcomes of writing about traumatic life events.” Stress and Health 29:40–9.

| 第三章 |

尋找支持陪伴

盤點身邊的支持圈，持續綻放

肯定有些人會讓我們坐在他們當中哭泣，卻仍視我們為戰士。
——美國詩人，亞卓安．芮曲（Adrienne Rich）的《源》（*Sources*）

置身黑暗十分辛苦，有時會覺得與其一直努力朝綻放的目標邁進，不如放棄會比較輕鬆。沒錯，放棄應該會比較輕鬆；最起碼短時間是這樣沒錯。正如前文所述，要綻放，就必須具備意念、決心、毅力、耐心，這些全都需要能量，而傷痛的時候，就會覺得能量好像不足以完成一天必須要做的基本事情，更不可能留有能量使自己有所轉變。要是誠實面對自己，很多人至少都曾經閃過一個念頭：「全都結束的話，會比較輕鬆。」在此，並不是說我們正在考慮結束自己的生命；但說來感傷，有些人確實痛苦難捱，覺得自己毫無逃脫的方法，只有輕生一途。我為那些人感到心碎，但願我們能替他們注射「希望點滴」幾個小時，增進他們的能力，在黑暗中看見出路。不過，人生四分五裂時，就會以為隔天早上不醒來會比較好，這種想法相當常見。

因此，本章的重點是要避免各位陷入那種絕望之中（若此時此刻的你已陷入絕望，則是要幫你逃脫出來），同時還要達成你為自己定下的綻放意念。我把這第三條綻放原則稱為「尋找支持陪伴」。簡單來說，就是不要獨自度過黑暗。我們需要跟別人建立關係、維繫關係，人生遭逢困境時尤其需要這麼做。

唯有強者、勇者才會開口請求幫助

人不願意向外求援，背後有很多原因。感到傷痛時，經常會覺得孤獨或主動遠離他人，懷疑自己是不是有問題，無精打采，或覺得緊張或害怕。此外，也時常會覺得自己不需要幫忙，希望自己不需要幫忙，或努力證明自己不需要幫忙。西方世界很重視獨立，有能力自行做些事情，就會覺得自己很堅強又成功。請人幫忙或倚賴他人，就會被瞧不起並被視為弱者，彷彿求助者沒有信心或沒有能力，或者信心能力皆無，進而導致在西方社會中，請求他人幫忙及尋求支持被極度污名化。

像這樣以負面視角看待求助，我並不認同。或許是因為我的職業是幫助人吧！也知道人需要莫大的勇氣才敢承認自己正在苦苦掙扎，也需要一些幫助。也或許是因為我曾經置身於黑暗，所以很清楚別人的支持有多重要。

在我看來，請求他人幫忙可說是勇敢的舉動，需要很大的內在力量才做得出來。向外求助就是不向絕望與無望屈服，唯有強者勇者才做得出這樣的選擇，就算是、尤其是少有跡象顯示改變即將到來，強者勇者還是會向外求助。我十分佩服那些勇敢說出自己需要幫忙的人、說自己需要陪伴的人、說自己需要擁抱的人，抱久一點，拜託。

打下能支撐內心傷痛的「樁」

你有沒有留意到呢？有些植物在成長期間會獲得比較多的支撐，而獲得支撐的植物通常在旁邊會插著木製或金屬製的「椿」，植物會綁在椿上。有些植物甚至是放在大圓籠裡頭，好讓椿的結構完全包圍住植物。雖然本書是以花園的比喻為基礎，但說來諷刺，我沒有擅長園藝的綠手指，園藝知識也不多，所以我做了一些研究，了解有些植物為何要用這種方式支撐。

結果發現植物在以下情況需要椿的幫助：①剛移植；②結很多果實，果實很重尤其需要支撐；③開大串的花；④特別高；⑤需要防止惡劣天氣危害，例如：強風暴雨。其中，番茄、四季豆、黃瓜、南瓜、金魚草、大理花、百日草等植物符合前述一項或多項類別，在初期與成長期需要椿的支撐。我還得知一點，一旦椿彎曲或壞掉，植物就很難再度挺直起來。在植物旁邊插上椿，用意是要讓植物獲得支撐，免得植物在成長時折斷，並可確保植物充分發揮潛力。換句話說，某些植物要綻放，使用椿子是必不可少的步驟。

你知道還有什麼需要獲得「椿」嗎？是暗夜綻放者。我們的世界天翻地覆後，我們就有如「剛移植」到新花園的植物，而那個花園通常不是我們要的也不是特別喜歡的。我們置身於黑暗後，定下了意念，要結許多的果實或燦爛綻放前，必須先站得既高又壯。而我們在這段時間面對的情況，超過了自身所能承受的「惡劣天氣」或壓力源。換句話說，雖然我們也許很討厭承認這點，但我們確實脆弱，也需要額外的支持，免得被沉重的苦痛壓垮或倒下。

「組裝」你的支持圈

對暗夜綻放者而言，最好的一種「樁」或支持，顯然就是他人了。研究結果十分明確：得到別人支持就會更健康、更快樂、更長命。此外，也比較不會受到壓力的負面影響[35]。反之，孤立與寂寞不僅會引發憂鬱症和其他健康問題，死亡率也會增加百分之二十六[36]。實際上，部分研究顯示孤立與寂寞的壞處等同於抽菸[37]！說來有意思，甚至不一定需要別人的支持也能獲益，光是想到自己能獲得社會支持，自己的幸福感就會受到有益的影響[38]。

話雖如此，處於苦痛之中的人，有時就算有良好的支持系統，還是會覺得非常寂寞。我記得分居後的前幾個月出門跟朋友聚會，還是會感到孤獨。就算是跟朋友坐在一起，也還是孤獨。我知道朋友很愛我，為了我，他們什麼都願意做。然而，我的傷痛是朋友帶不走的，朋友也不曉得我有多痛。朋友不曉得，並不是朋友的錯，因為就連我自己也不知道那麼疼的傷痛是存在的，等我親身經歷過才明白，而且我還是臨床心理師。別人怎麼會明白呢？不過，我一定要花時間跟朋友相處才行，就算一開始跟朋友相處覺得很孤獨，也還是要找朋友陪伴。

我有很多正在應付憂鬱與哀傷的個案都表示，他們怕自己的傷心會成為別人有負擔，害別人心情不好。他們說：「現在連我都不想待在自己身邊，別人怎麼可能會想待在我身邊呢？」然而，誠如先前提到的研究結果，此時是最是需要別人待在自己身邊的。而為了多少減輕個案這類「成為他人負擔」的焦慮感，我通常都會建議他們打造自己的支持「圈」，這樣就不會只有一個人獨自肩負著支持的重擔了。

在這個小圈子裡，除了由我擔任個案的治療師外，或許還可以涵蓋下列人士：個案非常信賴的幾位朋友；個案共度快樂時光的其他朋友（個案對這些朋友不傾訴自己的情緒狀態）；家人；其他的專業治療師，例如：針灸師、按摩師、能量療癒師、健身教練等；支持團體；神職人員或靈性導師（只要合乎個案的信念系統就行了）。我也鼓勵個案一天至少做一次社會接觸，而且不是透過訊息或社群媒體。雖然數位的溝通方式可幫助人們保持聯繫，但是沒有什麼比得上現實生活的互動交流，最起碼是比不上打電話。

當你正處於急性的失去階段或不幸階段，家人與朋友往往會待在你的身邊。然而，一段時間過後，緊密的支持與聯繫就會開始減少。這很自然，親友的聯繫減少了，問候你、詢問你的處境的頻率也減少了，背後的原因除了親友覺得有負擔外，還有其他各式原因。就算少數人覺得有負擔，那也沒關係。**記住，我們要建立的是由好幾個人組成的支持圈，不是只有一個人而已**。

此外，我發現一件事，很多時候，別人並不曉得你還需要或想要聊聊自己的狀況。他們以為最好是等你「主動」提起。由此可見，如果你還是需要別人的支持（如果你置身黑暗中，那就還是需要支持），有時必須主動提出要求。有人可以打電話、喝杯茶跟你聊天，讓你靠在肩膀上哭泣；在寂寞的週五夜晚有人陪伴你、有人開車載你去看醫師、有幫手幫你處理家務、有人鼓勵你……，那麼心情就不會一直很差。

除此之外，還有另一種方式可以建立支持圈，那就是組成或加入「綻放團體」。暗夜綻放者的團體是介於讀書會與支持團體之間。綻放團體不同於一般的讀書會，不太會去討論書籍、作者、文學上的選擇與手法。綻放團體也有別於典型的支持團體或哀傷團體，綻放團體不著眼於黑暗，而是著眼於綻放。綻放團體的目的是要促進各個成員的綻放過程，而且是運用本書的原則與寫作題目來促進綻放過程。綻放團體不僅幫助你組裝花園的椅子，還讓你有機會在別人遭逢困境時支持別人。至於如何創立綻放團體，詳情請見本書的附錄。

支持圈中除了好話，更需要聽到「實話」

我們傷痛的時候，周遭必須是關愛並支持我們的人，而原因除了提供情緒上的支持或實際上的支持之外（例如：在我們必須去醫生或律師那裡的時候，幫我們照顧小孩），還有另一項極其重要的原因：我們需要一些會對我們說實話的人。置身於黑暗之中，會需要知道事實，好比人需要呼吸空氣，需要喝水。雖然傷痛的時候不需要很多東西就能往前走，但是不知道實情的話就走不遠。

正在經歷失去的時候、人生天翻地覆的時候，就會接連不斷去問「自己是誰」，自己正在經歷什麼，為什麼會經歷這樣的傷痛。過去以為的所有事實，現在可能會去質疑。也許，原本該關心你的人卻惡毒批評起你的性格。也許，有人對你說，你得到癌症是因為你的想法不夠正面，是因為你做錯事受到懲罰。或者說你失去小孩，是因為神希望她回到天堂。有時，我們甚至會用自己的話語毀掉自己。

如果在這段脆弱的時間聽從了不合適的聲音，好比需要樁子支撐的植物卻沒有得到應有的支撐，那麼脆弱的莖就會被壓力給壓垮，而虛假帶來的傷害難以復原。我們需要關心我們的人表達關愛，這樣就能想起自己真正的模樣，想起自己的潛能，想起自己是被愛的，想起自己有理由相信自己不會永遠待在黑暗裡。我們在黑暗裡沒做好自己的分內工作，只沉溺在絕望或自憐自艾的狀態，此時也需要別人對我們點出實情。

最後，你的花園（亦即社會支持圈）裡的那些人，不是每一個都該知道你的苦痛的細節。有些人在那裡，是要幫助你繼續實踐你這輩子的角色與責任。花園裡要有一些人是我們不會對他們透露自己的失去與哀傷，而這點確實至關重要。這些人也許是上司、某些同事、銀行員、牙醫、患者、員工。他們在花園裡扮演重要的角色，讓我們有機會重新連結到自己內心裡沒陷入哀傷的那些部分，讓我們（實際上和比喻上）穿上自己的專業服飾，去做有用的事，就算此時此刻沒拿出最好的表現也沒關係。**他們給我們的贈禮，就是他們相信我們可以做到哀傷以外的事情，可以「繼續往前走」**。

尋找支持陪伴的療癒書寫

在下文的書寫題目中，有機會讓去思考自己的花園裡已經有了哪些人，以及這些人各自扮演什麼樣的角色。根據研究顯示，光是想想自己目前的社會支持情況的舉動，就能提升幸福感。此外，你會寫下自己此時此刻需要哪些其他的支持，以及哪些方法可找到那些支持。你會想出一些可以增加社會支持的具體步驟，在度過黑暗的時候獲得支持。

◆盤點自己的支持樁

想一想，哪些人已經在你的花園裡，亦即社會支持圈裡的人。也就是說，哪些人給你情緒上、實際上或實情告知上的支持，哪些人給你機會「繼續往前走」並履行這輩子的責任，或別種支持。請用花幾分鐘的時間，把這些人列出來。除了列出每個人的姓名外，還要寫出對方提供的支持種類，以及對方的支持帶給你什麼樣的感受。

◆增加有用的支持樁

現在，想一想這段時間會從哪些其他的支持種類中獲得益處。也許你會在盤點時留意到自己缺少某種支持，或擁有的某種支持不多。也或許，你會有很多非正式的個人支持，沒有很多專業上的支持；也許情況恰好相反也說不定。請寫下來，你想獲得哪些其他種類的支持。

接著，寫下你也許會在哪裡找到這種支持。這意思也許是要去問圈子裡的某個人願不願意提供這種支持給你；也許是要去查當地治療師的姓名，或聯絡宗教場所的某個人，對方應該能給你一些建議。最後，寫下本週你會做的兩、三件實際的事情，這樣就能把這些支持樁（亦即隊友）加到你的花園裡。

◆拔掉無益的支持樁

在你的社會支持圈裡，誰會打擊你？誰會害你對自己、對自身的處境感到難受？如果有這種情況，就應該要從花園裡拔掉這些支持樁。

不一定要從人生裡把他們給一起拔掉，但是他們對你的痊癒、對往前邁進的能力造成妨礙，那你可能不會希望對方待在你的內在支持圈。在思考這個想法時，把浮現的念頭全部寫下來。

◆什麼時候與他人產生連結？

想一想，你上次覺得真正跟人有所連結或獲得支持的情況。請描述當時的處境：誰提供了支持？哪種支持？你有什麼反應？有什麼感受？

◆立即見效的支持方案

制定計畫，下次當你覺得寂寞或傷心時可以立即採用。當人覺得寂寞或傷心時，往往會把自己孤立起來。與此相對，下次試著反著做。

想一想你能聯絡的對象、想一想你在這種情況下會說什麼話，並寫下來。你覺得自己會有什麼感受？你願不願意勇敢試試看？原因是什麼？

◆本週請跟支持樁有所連結

除了把一週的每一天寫下來之外，還要把你會聯絡的某個人的姓名及其聯絡方式寫下來。最好是親自見到對方或打電話給對方（視訊聊天更加分！）。做不到的話，傳訊息或電子郵件也可以，只要傳訊息或電子郵件不是常態就好。因為只有「真正的」面對面接觸，內心才會更有滿足感。

- 星期一：
- 星期二：
- 星期三：
- 星期四：

- 星期五：
- 星期六：
- 星期日：

◆ **寫完之後，你覺得⋯⋯**

1. 完成本章的寫作題目後，你的心裡浮現了什麼？有沒有發現自己的寫作當中，有任何東西跟前面幾章不一樣？
2. 本週有什麼成長嗎？就算是只成長一點點也算。你有沒有做出任何改變？有哪些地方是你引以為榮的？
3. 你在人生中，要如何持續應用這個綻放原則呢？

持續綻放的訣竅

本章的重點是聯絡及接觸別人，藉此支持自己度過黑暗。事實上，根據許多有趣的研究結果顯示，「支持他人」亦有效提振心情與幸福感的作用。

前陣子，我在網路上讀到一則故事。有一對移民的夫婦幫助了某個在路邊爆胎的男人。那個男人想把錢給那對夫婦，好謝謝他們幫助了他。那對夫婦不肯收錢，丈夫說：「今天的你，就是明天的我。」他說的沒錯。很簡單，我們需要彼此。請想想你的花園裡有誰，中心地帶或邊緣地帶都可以；請想想誰應該也需要支持。你有沒有任何或小或大的方式，能多少支持對方呢？如果你願意試試看，我鼓勵你寫出自己的經驗，以及該經驗對心情產生的影響。

暗夜綻放者：芮妮

這是我某位個案的故事，想與各位分享她是如何透過療癒寫作的力量度過人生的難關。這位個案得到乳癌後，經歷漫長的痊癒與轉變的旅程。芮妮之所以提議寫這個片段，一是為了帶來啟發，他人也能因此期望自己在黑暗裡綻放，二是為了訴說寫作是如何幫助她在黑暗中找到寶物並使自己有所轉變。以下，將用第一人稱的方式，與各位分享芮妮的暗夜綻放的故事。

壞消息接踵而至

我的健康有幾年不明所以逐漸衰退，後來經醫生診斷才突然得知，四十二歲的我罹患早期乳癌。同時，在被診斷罹癌的兩年前，我們的獨生女經診斷失能，而後順利撐過那段難熬的時光，所以我罹癌並不是最壞的消息。只是，惡夢般的事件接連發生，我罹癌只是其一，而罹癌的前一年，我母親經診斷患有多發性骨髓瘤。

我本能上認為自己得病是有原因的，也以為自己一定要探究箇中原因，還要弄清楚自己為何且如何在這個年紀生了大病。此外，也要掌握自己的健康以及女兒的健康，這當中有很多事情要做，但我還是開始投入療癒領域以及我日後所稱的「暗夜綻放」。

我接受標準的乳癌療法，動手術並進行放射治療，還要服用荷爾蒙阻斷劑五年。常規癌症療法有（實際存在與潛在的）副作用，這讓我我沮喪又害怕，迫切想了解還有哪些癌症療法是基於實證，也是安全的。有人建議我從事療癒活動，而寫日誌或療癒寫作即是其一。寫作就跟氣功和靜觀一樣，最後經證明都是十分重要的療癒方法。

如何把書寫當成治療工具？

我報名參加皮爾斯博士的「療癒書寫」四週工作坊，學習療癒寫作的技巧與方法，本書亦有摘述。我看得出來，那些指示、建議、題目都很有用，而我寫日誌的方式也有顯著的改善。然而，過了幾年之後，我才明白這種書寫方式對自己的健康造成很大的影響。一段時間過後，我就懂得重寫自己的人生敘事。有了闡述新敘事的能力以後，我得以脫離家族裡漫長的跨世代創傷史，放下既有的受害者情結，掌握自主的力量。然而，我隨即明白好處不僅於此，我還獲得了靈性上、能量上的美好療癒贈禮。

書寫助我獲得療癒，並在暗夜綻放

光是把內心的念頭與情緒寫到紙頁上，這簡單的動作往往能帶來立即的解脫。雖然這種做法有時危險，但是寫完後多半總是覺得比較輕鬆，心靈也更充實。經診斷罹癌的七年後，我重溫了治療期間寫的日誌，內心驚嘆不已，當時寫下而後遺忘許久的文字，顯然已奠定了痊癒的基礎。此外還有一點更叫我驚嘆，就是當時寫下的文字，清楚描繪出我是怎麼痊癒的。我覺得，療癒寫作的過程多少有點像是潛意識的靈性手電筒，在最黑暗、最茫然的時刻，照亮我的前路，引領我邁向療癒。

成為抗癌導師，分享自身經驗

經過了漫長又艱辛的七年，前陣子腫瘤科醫師表明已無疾病證據，我再也不用接受治療，非常開心。不僅我的生理健康有了很大的進展，就連靈性與心理健康也大幅改善。跟實踐前述療癒法前的人生相比，現在過的人生平衡又充實許多。有鑑於此，我也主動找方法幫助別人度過罹癌往往會有的困惑與恐懼，幫助他們在黑暗時刻獲得療癒並有所轉變。為此，我踏上全面抗癌導師之路，希望自己的故事能激勵他人去體驗這項轉變法的好處，進而在暗夜裡綻放。

35 Reblin, M., and B. Uchino. 2008. “Social and emotional support and its implication for health.” Current Opinion in Psychiatry 21:201–5. Reinhardt, J., K. Boerner, and A. Horowitz. 2006. “Good to have but not to use: Differential impact of perceived and received support on well-being.” Journal of Social and Personal Relationships 23:117–29.

36 Holt-Lunstad, J., T. Smith, M. Baker, T. Harris, and D. Stephenson. 2015. “Loneliness and social isolation as risk factors for mortality: a meta-analytic review.” Perspectives on Psychological Science 10(2):227–37.

37 Holt-Lunstad, J., T.B. Smith, and J.B. Layton. 2010. “Social relationships and mortality risk: A meta-analytic review.” PLoS Medicine 7(7):e1000316. doi:10.1371/journal.pmed.1000316.

38 Smith, T., J. Ruiz, and B. Uchino. 2004. “Mental activation of supportive ties, hostility, and cardiovascular reactivity to laboratory stress in young men and women.” Health Psychology 23:476–85.

| 第四章 |

擁抱不確定感

來到未知結局的故事轉折處時，

新的篇章可能也會隨之展開

追求確定感，尋求意義之路即會受阻。要驅使人們嶄露自身的力量，不確定感正是要件。

——美國心理學家，埃里希．佛洛姆（Erich Fromm）

面臨失去與人生巨變，最辛苦的一面就是不確定感。懸而未決是很不舒服的狀態。我會復原嗎？我會找到新的工作嗎？我們會不會失去房子？我的配偶會回來嗎？我們會再有小孩嗎？我會再去愛嗎？我會再恢復正常狀態嗎？置身於黑暗之時，這類問題會糾纏不放，而**對自身將來的不確定感，有可能就跟之前的失去一樣痛苦**。

人們往往會把心思放在某個結果上，例如：關係修復、某種生活方式或治癒疾病。然而，我們不一定能獲得這個結果，因此把心思放在結果上反而可能產生諸多的恐懼與痛苦。換句話說，依附在某種外在結果上，可能會招致更多的苦痛。就算能放下內心渴望的結果，但面對不確定感，還是難以袖手旁觀。因為我們會認為，如果知道這一切該如何解決，我們就會沒事，然後接著就可以重回原本的生活。

第四條綻放原則看似平淡無奇，但實際要執行起來並不容易，那就是：必須「擁抱不確定感」才能在暗夜裡綻放；簡單來說，就是把自己置身於黑暗之中。在黑暗的時刻，有些事情是我們不知道也無從得知的，而對抗不確定感等於是在這已然痛苦的時刻，又多添了一層苦痛，所以我們必須學會不去對抗不確定感，方能避免苦痛疊加在我們身上。

新生始於黑暗

我們可以把置身於黑暗，當成是在「抱怨」的一種不快狀態，也可以看成是促進成長的一項因素，即便如此會感到不舒服。想想種子吧！種子開始成長的時候，是在哪裡？是在溫暖的陽光下嗎？不是，種子有好長一段時間都深埋在寒冷黑暗的土壤內，後來我們才看到種子費力撐破土壤表面。嬰兒呢？開始成長的時候是在哪裡？待在黑暗的母親子宮內。

由此可見，大自然的現象已經向我們說明了一切：新生始於黑暗。這樣的黑暗是一件好事，它為脆弱的新生命提供了亟需的保護，使其能站穩腳步並發展成能維持在陽光之下的東西。換言之，即便置身於黑暗之中不曉得結果如何，也並不代表以後不會迎來光明的將來。

幾年前，有位朋友和我從拉斯維加斯開車到大峽谷，我們打算在大峽谷健行幾天。我從沒去過大峽谷，等不及要親眼一睹壯麗的風光。我們花了三、四個小時才開到大峽谷。隨著開車的時間越長，我就變得越迷惑、越沮喪，我沒料想到大部分的車程會是一哩又一哩平坦貧瘠的地景，僅偶有幾株滿是塵土的仙人掌點綴其中。車子開了幾小時後，我開始擔心我們可能轉錯了彎。從地景來判斷，實在看不出世界一大奇景就在前方。我不由得想到，我們的將來也是如此。

在「漫長的車程」期間（亦即各種痛苦的人生境況，所帶來不確定感的期間），我們自己能選擇該把時間花在哪裡。我原本可以決定前方的大地，絕對不會突然裂成令人驚嘆的峽谷，因此可以選擇把車子調頭開回家。而且，既然身為理性的學者，原本也可以把自己的決定給合理化，說在這段漫長的車程期間，沒有證據可以證明前方會有世界奇景。不過，置身於黑暗的重點不光是蒐集證據。置身黑暗的重點，是相信自己需要的就在前方，相信自己要成為某種模樣就必須先有一段時間置身於黑暗之中。你在黑暗中成形，**而你會成為怎樣的人，也比任何一種「人生成果」重要許多，因為你後來成為的樣子會影響到下半輩子**。

我必須一直把目光放在道路上，看著地圖開下去，相信自己最後會抵達目的地。不管周遭環境有沒有直接證據，總之只要依照路線走，懷抱很大的希望與期望，展現毅力與耐心就行了。就因為這些事我都做了，所以才得以目睹地球上極其迷人壯麗的風光。而置身於黑暗之中，也必須照這樣去做，因為前方的自己的模樣，值得付出這番努力。

不求成果

我們雖無法掌控成果，卻能掌控自己的選擇與應對。根據古老的佛教教誨，不求成果就能減少苦痛。然而，這並不代表人們不再渴望成果（但有些佛教徒可能跟我意見相左）。在我看來，那意思是人們不再認為自身的幸福，取決於特定的成果是否達成。人們當然希望有成果，但沒有成果也不要緊，我們同時會繼續活出自己的人生。這就是無所求。

處於這個比較無所求的境界，就還是處於不確定感的狀態，畢竟我們並不曉得結果會是如何。然而，如此一來就再也不會受到恐懼感支配，因為腦子不用去設法弄清楚結果如何，也不用以某種方式達成結果。在這種無所求、更客觀的心態下，我們更有能力基於價值觀做出選擇，而非基於情緒或傷痛做出選擇。

你懂了吧？**人急切抓住某項成果，抓住某種「應該」要過的生活方式，這樣做出的選擇就是受到傷痛的支配**。人們依靠著某個狹小的視角過活，以為自己需要擁有什麼才會滿足，還利用後續的選擇與行動來設法經歷這樣的存在方式，也不管要付出什麼代價。與此相對，做出的選擇若是基於價值觀，例如：和平、愛、跟別人的關係、真誠等，那麼就算此時此刻並未擁有自以為想要或需要的事物（亦即渴望的成果），還是會開始打造並活出一個值得活的人生。

人生能活出自身的價值觀，其所帶來的滿足感遠勝於一輩子設法達成自己以為應該要有的成果。你現在也許注意到了，人們為求掌控人生而做的那些微不足道的嘗試，反正也是行不通的。

你正處於人生故事的中間轉折處

我是「有雷警語」的頭號認同者。如果已經知道結局，看電影或買書不就沒意義了嗎？當然可以透露一點故事，但是不要把結局告訴我，免得毀掉興致！然而，說到我的人生，我倒是想知道接下來的情況。我想知道結果會是如何，正在辛苦的時候尤其會想知道結果。我不僅想知道傷痛確實會結束，也想知道傷痛確切會在何時結束。我想獲得保證，我的快樂結局即將到來。我跟別人一樣討厭置身於黑暗之中。

「現在，你正處於故事的中間轉折處」，我在分居與隨後的寂寞之路上跌跌撞撞之時，有位朋友常拿這句話提醒我。我把這句話思來想去，希望它的意思是分居只是暫時，而我倆會回到原本的故事，亦即「直到死亡把我們分開」的那個故事。然而，分居時間越久，先生變得越疏離，我越是不得不去改寫我對這句話的詮釋。

最後，我終於明白，我的人生故事比婚姻故事還要廣闊許多。婚姻，只是我人生故事中的一部分，僅只一部分而已。要是把婚姻當成全部的故事，就會陷入絕望，因為緊抓了一件再也不存在的事實。儘管婚姻以及有可能很快到來的離婚算是故事中的重要部分，但也只不過是當中的幾個部分，而等我明白這點以後，人生有了更大的意義。我不只是我的婚姻，我不只是一位妻子，我在這世上的使命不只是一輩子跟這個男人在一起。雖然我還是盼望著他回家，但是這份盼望的強度已開始減弱。我還是處於婚姻故事的中間轉折處，畢竟結果尚不可知。不過還有一點更為重要，而這尤其有利我的療癒與復原，那就是我要理解到：「自己還處於人生故事的中間轉折處。」

你之所以閱讀本書，是因為你或你在乎的某個人正處於故事的中間轉折處，而這個中間轉折處，是個充滿傷痛與苦痛的故事。你可能跟我一樣，很想知道故事的具體結局。我們都想要盡快來到結局，盡快離開黑暗；人是主角的時候，都不想嘗到辛苦又傷痛的故事。

中間轉折處是最精彩的環節

故事的中間轉折處會發生什麼情況？為什麼處於中間轉折處不是什麼壞事？在此稍微說明一下。故事是由開始、中間、結局三個部分組成。故事的開始要鋪陳背景、介紹角色，吸引讀者繼續閱讀。而結局則是讓讀者知道角色的結果，讓故事收場。故事的開始與結局都相當直接了當，由此可見，故事的中間轉折處才是重點所在。以漢堡做比喻，故事的開始與結局有如漢堡麵包的上下兩半，中間夾著多汁的牛肉餅；吃漢堡不是要吃漢堡麵包，而是要吃麵包夾著的牛肉餅。漢堡麵包的作用，只是讓肉的周圍有個構造不讓肉汁滴到大腿上，美味的配料可以保持在原位，如此而已。

也就是說，假如故事沒有中間轉折處，開始或結局就沒有存在的理由了。每篇故事必有中間轉折處，而中間轉折處就是行動發生的地方，讀者會在此處更深入了解角色、角色實際的模樣、角色喜歡什麼、角色愛誰、角色的掙扎之處。中間轉折處也是衝突發生的地方，角色必須克服的難關會出現在此處。中間轉折處更是故事好看的地方，會使讀者很難放下書本去睡覺。中間轉折處亦會揭露角色的畢生志業，使角色在此有機會變得更出色，比角色在引言部分首度現身時還要更為出色，而且有機會成為英雄。

總的來說，中間轉折處會揭露作者一開始訴說故事的原因。

綻放，多半發生在故事的中間轉折處

如果此時此刻的你正置身於黑暗之中，就表示你正處於故事的中間轉折處。如果你處於故事的中間轉折處，就表示你必然要去經歷衝突、傷痛、難關，而這就是中間轉折處的運作模式。幸運的話，各個難關之間會點綴著休息與療癒的時期。當然，對某些人來說，那些休息與復原的時期少之又少。但無論如何，對所有人來說，那是大好良機，有機會變得比故事前半部的自己，還要更為出色。此時可以做好準備，迎來令人滿意的結局。

而暗夜綻放，是發生在故事的中間轉折處的；故事的中間轉折處必然是置身於黑暗，因為中間轉折處就表示你不知道結局會是如何。然而，有一點很重要，中間轉折處發生的事情可以左右結局。

若你跟我一樣討厭置身於黑暗，在此鼓勵你不要放棄。不管此時此刻有何感受，不管是精彩、混亂、茫然或傷痛，中間轉折處都是一段寶貴的時光，因為你打算成為什麼樣子，在中間轉折處就有機會成為那個樣子。故事的中間轉折處，亦是讓你得以在暗夜裡綻放的地方。

置身於黑暗中的療癒書寫

有了下文的題目，就有機會把未知的部分、故事的中間轉折處寫成日誌。這些題目能幫助你培養出另一種視角，來看待現在置身於黑暗中的自己。也就是說，對於結局所產生的不確定感可說是一份贈禮。

你會描寫自己渴望的人生成果，描寫自己有沒有可能以何種方式不求若干成果，這樣就能開始打造及經歷一個值得過的人生。寫了這些題目以後，就會努力接納自己置身黑暗一事，不會去對抗黑暗中的不確定感，還會去探究該怎麼在不確定的狀態下建立信任、安全、希望的感覺。

◆ 定義我的黑暗

目前置身於黑暗的你，是什麼狀況？也就是說，你對什麼感到不確定？或者說，你想知道結局的時候，對什麼感到不安？

◆我對於置身黑暗一事的處理方法

你置身黑暗（亦即不確定感）的經驗是怎麼樣的？會不會起身反抗黑暗，設法弄清楚狀況或以某種方式達成結果？還是說，你會跟黑暗和平共處，並接納這種未知的狀態？如果尚未跟黑暗和平共處，那有什麼事情或作法，應該能幫助你做到這點？

◆跟不確定感（亦即你的黑暗）對話

請想像不確定感不只是你所處的狀態，更是人生故事中的一個角色。在書寫時，請跟不確定感交流對話。如何讓不確定感開口講話？你可以試著寫成對話、戲劇、詩作或故事。

請詢問不確定感為何會在此處、有什麼話必須要說、需要你給予什麼。接著，聆聽不確定感對你說的話，並記錄下來。不確定感可能也會有幾個問題要問你，回答問題的時候，就像是你正在跟真人談話一樣。

◆ **試著無所求**

你是不是對成果有所求？說出來吧！你想著不求成果的時候，出現了哪些情緒？又，緊抓著成果不放的時候，情緒上有何感受？心理上有何感受？身體上呢？靈性上呢？

你需要什麼，才能讓依然渴望成果卻也希望不求成果（亦即不再認為自身的幸福，取決於特定的成果是否達成）的自己，更加自在呢？哪些方法，可以幫助你無所求呢？

◆ **置身於黑暗的贈禮**

為什麼處於這種未知狀態，實際上反而能幫助你綻放？置身黑暗本身，是否為一份贈禮？你的性格中有哪些部分會有新的發展呢？

◆ **自身故事的中間轉折處**

「你正處於自身故事的中間轉折處」，你覺得這句話是什麼意思？為什麼你會認為中間轉折處必然會置身於黑暗？若要對於自己處於中間轉折處一事，感到更有安全感、更不煩憂害怕，你需要的一樣東西是什麼？或者你能做的一件事情是什麼？

◆善用自身故事的中間轉折處

與其把所有注意力，都集中在設法釐清此時此刻的你所處的特定故事中，有何結局，不如多花點時間審慎思考，你在這個故事的中間轉折處，可能獲得的機會。你想怎麼回應這些機會？為了善用中間轉折處，你需要做出哪些改變？

◆寫完之後，你覺得……

1. 完成本章的書寫題目後，你的心裡浮現了什麼？你會如何使用這些，關於自己和自身綻放過程所獲得的資訊？

2. 本週有什麼成長嗎？就算是只成長一點點也算。你有沒有做出任何改變？有哪些地方是你引以為榮的？
3. 你在人生中，要如何持續應用這個綻放原則呢？

持續綻放的訣竅

當我處於不確定與未知的時刻，美國作家安・拉莫特（Anne Lamott）有句話帶來了安慰。她說：「辭掉命運管理者的工作，就會有所幫助。為求順遂，耗費不少心力，終究也做不到順遂。」

當置身於黑暗、看不見成果時，往往是可以做的都去做了，以便設法掌控自己的命運。然而，人們一開始就無法掌控自身的命運或故事，唯有接受了這樣的想法，緊握人生的力道才會鬆一點。而這個想法要怎麼融入你的信念系統？如果順遂與否不取決於心力，到底是取決於什麼東西或人物？請就「辭掉命運管理者的工作」的觀念仔細思量一番。如果這個想法帶來了慰藉或寧靜的感覺，請考慮遞出辭呈吧！

暗夜綻放者：金柏莉

金柏莉是養育三個小孩的單親媽媽，也是在加州私人執業的治療師。下文分享她與女兒在心理疾病的暗夜中，是如何綻放開來的。

「過去的四年處處是考驗。二〇一四年，當時十七歲的女兒試圖自殺，她昏迷了三天。醫生對我說，她可能會死亡，或腦死，或餘生靠機器存活。我離婚了，毫無外援；就像人們不知道如何處理這種危機般，我的家人沒有向我伸出任何援手，更讓我覺得這一切，是上帝給了我太多我所無法承受的苦難。

後來女兒完全康復，簡直是奇蹟，也是對祈禱的回應吧！三位腦神經科醫師都很吃驚，她竟然從昏迷中醒來，身心功能完全正常。我知道這種幸福結局實在罕見。然而，這並不代表考驗結束了。接下來幾年，她住院三十多次。在當時的狀況下，我能做的並不多，持續私人執業也只能勉強維持生計並撫養三個孩子。我多數的時間，不是在辦公室看個案，就是在醫院陪女兒。

我很感謝，現在二十一歲的她康復又成熟。幸好她在畫畫與書寫方面天分很高。在這段辛苦的經歷後，她開始運用這方面的天分，傾訴心理健康問題。她會彈吉他、彈鋼琴，還會寫歌，她希望神透過她的音樂，觸動那些有心理疾病與創傷的人們。

儘管我仍對上帝在我的心破碎、情緒與身體疲憊不堪之時給予的考驗心懷感激。但，神讓我承受了身為母親與女人的孤獨，使我徹底崩潰，這情況似乎永遠沒有結束的一天。我有好幾次想要放棄，想著考驗為什麼會一直不斷發生。我不明白。置身黑暗可真痛苦。不過，老實說，在這段心碎的時期，還是有很多的美好。從另一方面來看，我現在對於創傷、情感疾患、虐待已有了深刻的理解。假如沒有那段經歷，或許我永遠理解不了，有些事情，仍必須親身經歷才會真正明白。

現在，我也談論和書寫關於創傷和精神疾病的事情，這是我以前沒有做過的嘗試，至少就我現在所知是這樣。此外，我還去找私人執業外的工作，好為受苦的人做更多的事情與幫助。我承受了不少苦痛，但結果卻是使我成了更出色的治療師、母親、女人。當然，還是希望我和女兒不會經歷這些，但我仍然看到苦痛有其意義與美好，也相信之後會有更多的意義與美好到來。」

| 第五章 |

鍛鍊勇氣

即便害怕、恐懼，也要跨出舒適圈

今天，你會選擇勇氣還是慰藉？你無法兩個都選。勇敢過自己的人生，沒什麼比這還要更自在。

——美國暢銷書作家，布芮尼．布朗（Brené Brown）

「你有沒有勇氣？」我拿這個問題問我的個案，幾乎每個人都說沒有。恐懼、緊張、害怕嗎？對。勇氣呢？沒有。然而，如果你有幸得以聽到個案願意在諮商時談論的那些事情、他們願意嘗試並再度嘗試的那些事情、儘管承受莫大傷痛仍不願放棄的那些堅持，那麼你一定會跟我有同感：他們每一個人都勇氣十足。

有勇氣的人不只是我的個案而已，正在閱讀本書的你，嘗試寫日誌的練習，並投入綻放過程，就足以證明你也很有勇氣。這樣很好，畢竟你應該留意到了，這個過程必須要很有勇氣才行！

綻放的重點是成長與拓展，而任何一種的改變與拓展通常伴隨著幾分恐懼或焦慮。而要有效面對這些與生俱來的恐懼感，就一定要有勇氣，因此，我才把第五條暗夜綻放原則稱為「鍛鍊勇氣」。

幸好勇敢的人，不一定要停止害怕。聽聽暗夜綻放者曼德拉闡述勇敢的意思吧！他應該懂得的，他的一生幾乎每天都要展現出勇氣。他說：「我明白了，勇氣並不是毫無恐懼，而是戰勝恐懼。勇者並不是不感到害怕的人，而是征服恐懼的人。」

那個說法不就寬慰了人心？勇敢不一定要停止害怕，其實沒有恐懼的事物就做不到勇敢，恐懼感是勇氣的要件！若把恐懼感想成是邁向勇氣的一種安排，或許就可以這樣說：「勇氣就是怕歸怕，但還是去做。」

於是問題來了：「為什麼還是去做？」面對恐懼絕非樂事，反倒是人生中最不自在的其中一件事了。對於前述的「為什麼」問題，政治家富蘭克林．羅斯福如此回答：「勇氣並不是毫無恐懼，而是經評估後了解，有其他東西比恐懼還要重要。」

我們之所以選擇面對恐懼，是因為我們認為自己想達成什麼、想成為的樣子，比避開害怕的感覺還要重要的關係。

感到害怕恐懼，還是要去做

對有些人來說，勇氣，所謂怕歸怕但還是去做的意思，是面對現實而非接受假象。而對另外一些人來說，勇氣就只是早上起床。在療癒過程中已走了稍遠的一段路的那些人，勇氣的意思是打造新的身分，內外皆向外拓展。無論此時此刻的你在思考自身處境與將來的時候，可能會有多麼恐懼，本章都會幫助你鍛鍊勇氣肌肉，並勇敢地向外拓展。

不只是士兵、消防員或其他在現實生活中經常面對危險的人們，必須具備勇氣的特質，實際上，每個人的一生中都各有需要展現勇氣的時刻。對你而言，「勇氣」也許是終於能起身對抗母親，也許是面對自己累積的大筆債務，也許是出聲反對不公，也許是要求老闆把早該加的薪水加給你，也許是試著再生一個孩子，也許是失去配偶後再度約會。又或許是你被診斷患有慢性疾病，或許你的小孩做出一些不好的人生決定等。

在上述這些處境之下，我們可以選擇自己的回應方式，而在實際上或比喻上，我們會不會爬上床、用被子蓋住腦袋，希望自己面對的情況會神奇地消失？還是說，我們會鼓起勇氣面對眼前的處境？就算害怕還是會往前邁進？

美國鄉村歌手李・安・沃麥克（Lee Ann Womack）有首流行歌的歌詞，就描述了大家在暗夜裡綻放時所需採取的態度。她說：「要坐著空等還是翩翩起舞，願你翩翩起舞。」

前陣子，有一位有個案在廣播上聽到這首歌，於是就選擇「翩翩起舞」當成他一年的綻放關鍵字。我問他，他覺得那個字眼是什麼意思，他說：「意思是說人生給你帶來了機會，那就去做，害怕就更要去做。」如果還沒聽過〈願你翩翩起舞〉（I Hope You Dance）這首歌，或者還沒看過歌詞，非常鼓勵你去聽聽看。這首歌精準呈現出人生把你擊倒後，所謂的勇敢到底是什麼意思。

剝奪恐懼感的力量

我這輩子克服恐懼感、幫助別人克服恐懼感的時候，學到了一件關於恐懼感的有趣事情。說來矛盾，其實恐懼感會拼命努力躲著你，因為你一旦意識到恐懼感，就表示你正踏在脫離恐懼感的路上。所以聽好了，當你面對內心害怕的事，不管那件事是已經發生，還是你願意細查事情發生的可能性，總之恐懼感會打勝仗（亦即你感到恐懼），但恐懼感打了勝仗以後，終究會放棄戰爭（亦即你意會到自己不用再恐懼了）。此時，恐懼感會用各種可怕的威脅來脅迫我們，比如說，某件事發生就會撐不過去，所以我們活在恐懼之中，並害怕那件事發生，每天試圖迴避自己恐懼的將來，為此痛苦不已。不過，只要正視恐懼感帶來的威脅，只要勇敢轉身，直接面對內心的恐懼，那麼起初雖會感到害怕，但面對以後就會發現恐懼感帶來的可怕威脅只是假象，而恐懼感加諸的束縛最終就會損壞。

也就是說，**只要面對恐懼，就能剝奪恐懼感的力量，繼而掌控人生**。對我而言，最大的恐懼感就是去愛人，去許下「直到死亡把我們分開」的誓言，然後對方離開我。我眼睜睜看著這股恐懼感來到眼前。這輩子，恐懼感不斷對我說，那種情況要是發生在我的身上，我會撐不過去，而我小時候父母離婚很有可能使情況火上添油。不過，我一點一點地撐過來了。然後，我體會到自己以前相信的全都是謊言，當初還以為失去摯愛後就活不了。由此可見，雖然失去婚姻很痛苦，但是我也學到一點，特定的恐懼感是強大的假象，而我成年後的人生多半都受到假象的脅迫。一旦意識到這件事實之後，我是怎麼去愛、我愛誰、付出多少的愛，都再也不受恐懼感的掌控，脅迫已經結束了。

在心理學中，先面對恐懼，接著剝奪恐懼感的力量，藉此掌控自身，稱為暴露療法（exposure therapy）。這種療法很適合用來克服恐懼與焦慮。基本上，採用這種療法就是一小步又一小步地邁向內心最大的恐懼。假設你怕蛇，剛開始不要把一條活生生的蛇圍在你的脖子上（這念頭也害你起雞皮疙瘩了吧？），而是只想像有一條蛇在你的附近，或者放一條塑膠假蛇在房間的另一端。接著，治療師會採用各種策略（例如：深呼吸），好讓你在面對內心恐懼的東西，仍能維持放鬆的狀態。這種暴露的經驗可以再度訓練大腦，這樣一來，你想像有一條蛇在附近或假蛇在場時，你的大腦就不會再認為那很危險。一旦沒有感知到危險，就不會感覺到恐懼。

一段時間過後，你一小步又一小步邁向你害怕的實際物體或成果（步驟範例：握住假蛇或觀看堅固容器裡的活生生的蛇），漸漸就會到達目的地，就算觸碰真蛇也應付得了。這段過程觀察起來頗有意思，而的確，在恐懼下承受強烈痛苦的人，也有很多在經歷這段過程後獲得長久的自由。

一點一滴，慢慢向外拓展勇氣

現在，那個讓你閱讀本書的處境，應該比較像是把十幾條活蛇一次全都丟向你（如果你不覺得蛇討厭，那就想像你會害怕的東西吧！）然而，為了綻放而放眼自己的將來，放眼那些必須要做的事，可能也會產生害怕的感覺。人生天翻地覆時，往往會恐懼得無法動彈。

想往前邁進卻害怕得不敢往前走，這種情況有可能會變成惡性循環：無法做出渴望的改變就會感到憂鬱沮喪，進而更害怕自己永遠無法逃脫悲慘的狀態。

那麼要如何逃離惡性循環？就要運用暴露療法的原則，以便度過恐懼、採取行動、勇敢向外拓展。請以一次踏出一小步的方式進行。有意識地一小步、一小步地去做，經過一段時間後，大腦就會知道向外拓展並不危險，知道恐懼感永遠不會大到自己無法承受又動彈不得，自己是能自由採取行動的。**我喜歡把它想成是冒一些很小且算計過的風險**。我的人生教練老愛這麼說：「我們要選擇的做法是風險剛好高得必須向外擴展，卻又沒有大得會讓我們豁出去。」

至於談到採取行動，有科學證據顯示，只要採取積極步驟邁向渴望的目標，就能減少憂鬱、提升自信。此外，做的事情若是很新奇，或是跨出舒適圈，大腦就會釋放多種重要的化學物質，多巴胺就是其一，此為獲得愉悅與獎勵的神經傳導物質。這種化學物質會告訴大腦：「這樣很好！要再做一次！」由此可知，「行為」與「生理狀態」能增強渴望感與投入度，從而繼續勇敢地向外拓展。

鍛鍊勇氣的療癒書寫

以下的題目是要幫助各位運用內在的勇氣之井，勇敢地向外拓展。你會去探究勇氣在你心目中的涵義，為求成長而需要面對哪些恐懼，要以何種方式展現勇氣肌肉。你也會描寫自己這輩子是如何「勇敢地向外拓展」，鍛鍊勇氣，例如：想嘗試的新嗜好、想擁有的經驗，以及要做到這些，該如何循序漸進等。書寫時，就等於是在扮演自己將來會有的新身分，一次向外擴展一點。

暖身題　繪製心智圖

在紙頁的中央處，寫出「勇氣」兩個字，把這個字眼給圈起來。接著，想一想「勇氣」會讓你聯想到哪些字眼，把那個字眼寫在「勇氣」附近並圈起來，畫一條線連接這兩個圈起的字眼。接著，再努力想想「勇氣」還會讓你聯想到哪些字眼，按照前述步驟做，圈起那些字眼，畫一條線連接那些字眼與紙頁中央的「勇氣」。

之後，每寫下一個新字眼，就重複前述的過程，想想新字眼會讓你聯想到哪個字眼，把那個字眼給圈起來，用線連接兩個字眼。請進行五分鐘，寫到紙頁上都寫滿字眼，而那些連起來的字眼構成了向外拓展的地圖或網絡。

最後，看著這幅勇氣單字聯想心智圖，再想想勇氣是什麼意思，並寫下來。你會怎麼解釋勇氣的意思呢？

◆ **說出恐懼的名稱**

根據心理學研究，有種方法可緩和情緒，那就是把情緒貼上標籤，說出情緒的名稱就能降低情緒的強度。

- 花點時間，說出每一個恐懼的名稱。
- 各個恐懼所帶來的，是什麼樣的威脅或脅迫訊息？
- 相反的訊息是什麼？也就是，如果你讓「勇氣」開口，勇氣會對各個恐懼說什麼話？

◆ **細看恐懼**

想一想，你此時此刻感到擔憂的或不安的一個處境，並利用以下幾道或全部的題目來描寫那個處境：

- 你到底在害怕什麼？
- 有可能發生的最壞狀況是什麼？真的有可能發生嗎？

- 這樣的恐懼來自何處？
- 恐懼是如何妨礙你的？
- 假如你不害怕的話，你會怎麼做？
- 在你的眼中「還有什麼比恐懼感更重要」嗎？
- 如果你的勇氣不如自己的期望，有誰或有什麼也許能幫助你變得更勇敢？
- 你以前勇敢過嗎？描寫那段時間的情況，以及是什麼讓你有了勇氣。你當時的勇敢作為，帶來什麼結果？

在書寫時，可能會發現主詞有所改變，但這樣沒有關係，且實際上這樣很有幫助。請任由你寫作的內容邊寫邊成形，藉此探究內心的念頭與感覺。願意的話，還可以利用你感到不安的另一個處境，把前述問題重新思考一遍。

◆ **我的超級英雄**

在你心中，有哪位英雄或榜樣在人生中展現了勇氣？請寫出一位（或多位）。你敬佩對方什麼？關於恐懼與勇氣，對方教了你什麼？這對你目前的處境為何有所幫助？

若是想要作為比較長期的書寫計畫，建議可以考慮製作「勇氣書」。試著留意日常生活中會在自己身上、在別人身上看到的勇氣範例，並寫下來。也許是你的小孩覺得老師不公平，為自己挺身而出；也許是你請同事不要做出冒犯的發言；也許是你就算覺得有點不安還是決定報名參加舞蹈課；也許是你有位對科技不熟的朋友勇敢學習使用推特；也許是你讀到某位看來自信、才華洋溢的表演者是如何應對怯場的狀況。

而當你某天突然很難勇敢起來時，就請閱讀你在「勇氣書」內寫下的文字，讓別人和自己過去的勇氣喚起你現在的勇氣。

◆願你翩翩起舞

如果還沒聽過沃麥克的〈願你翩翩起舞〉，或者還沒看過歌詞，請去聽這首歌或看歌詞吧！在網路上搜尋，很快就會找到歌曲和歌詞。接著，請閱讀以下題目，可以部分作答，也可全部作答：

- 「選擇翩翩起舞，不坐著空等」，你覺得這是什麼意思？
- 想到「翩翩起舞」的選擇時，有何感受？
- 想到「坐著空等」的選擇時，有何感受？
- 你在人生中是在哪裡坐著空等？
- 你是在哪裡開始翩翩起舞？
- 目前所走的路是不是阻力最小的路？為什麼走這條路行得通？或者為什麼行不通？
- 此時此刻可以接受哪些機會或風險？為什麼那些機會或風險值得接受？

◆什麼行動，可以讓你踏出舒適圈？

「他發現自己想要飛翔的話，就必須先跳躍。」

——妮娜·葛歐格《巴黎小書店》

仔細查看你目前的活動。大家往往是在自動駕駛狀態下過日子，每天或每週都做同樣的事，做了好幾年。這種生活方式有個問題，我們並沒有考慮到自己其實可能不再喜歡做那些事，之所以會去做，是習慣使然。為此，請花點時間思考人生中有哪些事是基於習慣去做，並未純粹樂在其中。此外，還要找出缺憾，有哪些想做卻沒有做的事事情？

接著，想想自己一直想做的活動有哪些，或做了一次並樂在其中的活動有哪些，然後寫出二十五項活動。例如：看電影、買鮮花、上陶藝課、跟同性友人出門玩樂一晚、看喜劇表演、學習駕駛帆船、去陌生的地方旅行等。

在各項活動的旁邊，依照「擴展度」進行評分。一分表示你只要擴展一點點就能投入該項活動；十分則表示認為該項活動是最能讓你跨出舒適圈。

然後，在接下來的幾週、幾個月期間，把綻放拓展清單裡的活動逐一落實。從擴展度分數最低的活動開始進行，再按部就班地進行分數較高的活動。記住，目標是向外擴展而非豁出去！

◆ 我引以為傲的事

你曾經留意過嗎？越接近日落時分，天空就越美麗，而秋葉即將枯萎之際最是奪目。美麗的事物發生在黑暗之中。

請盤點一下，你開始投入綻放過程以來，你和你的人生已經發生哪些變化？有哪些地方是你引以為榮的？你的人生出現什麼樣的美好？你想慶祝哪方面？你會如何慶祝這些變化？

◆寫完之後，你覺得……

1. 完成本章的書寫題目後，你的心中浮現了什麼？有沒有留意到自己是在內心何處產生了恐懼？又是在何處產生了勇氣？
2. 本週有什麼成長嗎？就算是只成長一點點也算。你有沒有做出任何改變？有哪些地方是你引以為榮的？
3. 你在人生中，要如何持續應用這個綻放原則呢？

持續綻放的訣竅

說來諷刺，需要鼓起最大勇氣才能面對的那些事物，有時反而會再度帶來美好的感受。已經習慣了傷心、寂寞、害怕，所以再度感受到喜悅、希望、愛、寧靜的時候，才會引起了近乎不自在又焦慮的感覺。在失去後聽到自己的笑聲，會有不對勁的感覺，彷彿哀傷與歡笑不該同時發生。失去與苦痛會帶來傷痛，使得許多人的內心再也感受不到正面情緒。一想到自己會再度失去這些感覺，實在難以承受。

然而，剝奪正面情緒後，療癒與綻放的過程其實會變慢。在苦痛的時刻，我們最是需要這些正面情緒的經驗。因此，請你找出自己是在哪些方面不願接納美好的感受，或害怕美好的感受。然後，看看自己能不能在這些方面開始向外拓展，慢慢允許自己去感受那些被剝奪的正面情緒。

你可以在日誌上描寫自己是如何再度開始經歷這些感覺，內心浮現哪些恐懼，面對那些恐懼時如何繼續展現勇氣。有位聰明的朋友曾經問過我：「萬一你唯一必須精通的事物是喜悅，該怎麼做呢？」在制定綻放拓展清單並落實當中項目時，請思考這個問題吧！

第六章

改變心態

專注當下、改變視角、想像最好的情況

整天想的是什麼，就會成為怎樣的人。

——拉爾夫．沃爾多．愛默生（Ralph Waldo Emerson）

「吃什麼就會變成什麼」這句講述健康的諺語十分流行，各位應該聽過吧？這句話說的沒錯，放進體內的燃料會影響到身體的運作狀況，也關乎於有哪些要素會用於細胞的成長、運作、修復。然而，如果想擁有健康的身體和充實的人生，要留意的不僅是食物而已，還需要留意自己整天想著的「念頭」。

根據研究顯示，念頭跟食物一樣，也是細胞發展與運作的實質要素[39]。有念頭浮現時，大腦會釋放某些化學物質與電子信號，進而對大腦與身體細胞造成莫大影響。而當負面念頭（例如：傷心的、仇恨的或可怕的念頭）浮現時，大腦會釋放一些化學物質，造成身體覺得不適。想一想你上次生氣時有什麼感覺。如果你跟大部分的人一樣，那多半會有身體緊繃、心跳加快，或許還有出汗或頭暈等症狀。

與此相對，正面、喜悅、平靜的念頭浮現時，大腦釋放的化學物質就不一樣了。想想你上次覺得平靜時，身體感覺如何呢？也許會覺得很放鬆，心跳變慢，呼吸更深。無論如何，此處的重點是身體會對心裡的每一個念頭做出反應，而且是自然而然發生。而在負面的心態下，要付出的代價不只一個。置身於黑暗，最是需要大量的健康營養成分，以利修復及綻放。也就是說，我們需要大量正面的、有活力的念頭。

你知道嗎？身為暗夜綻放者，我們的樣子不只是攝取進去的食物所打造而成的，更重要的，我們「想什麼就會像什麼」，為此第六條綻放原則才會叫做「保持開放心態」。後文會探討三大具體策略，與各位分享如何運用心智的力量，來提升自身的綻放潛力。

運用心智力量，重新修正自己

人類與生俱來就有韌性。舉例來說，體內的恆定是人類天生具備的傑出設計，以便克服生理上的難關，例如：體溫過高、筋疲力盡、忍受傷口等。我喜歡把體內的恆定想成是人體重新修正的一種傾向，好比一艘船能在波浪起伏的海洋上維持漂浮不倒的狀態。同理，**人體也有內在機制可以重新修正情緒。這類機制會漸漸進步，而有些人會比別人更懂得運用這類機制**。

試想，為什麼兩歲小孩手上的冰淇淋從甜筒裡滑了出來，就會在人行道上崩潰得嚎啕大哭、捶著拳頭？這是因為他還沒發展出重新修正情緒的技能。而只要給他幾年的時間，他就只會為了冰淇淋難過，而不會感到虛弱無力，那是因為他學會如何控管情緒並回到情緒平衡的狀態；亦即自我調節，這是所有小孩都必須學會的能力。也就是說無論如何，當我們經歷失去或受到創傷時，有時我們能以自己的方式重新修正這一切。

事實上，我們面對的最大難關往往是來自於內在，也就是由自己的心智所產生的。本章將探討三大具體技能，而這些技能以心理學為基礎，有利重新修正情緒。此外，這些技能可以改變我們的心理狀態，進而發揮先天就具備的重新修正、成長、轉變的能力。這三大技能分別為：有意識地引導注意力、改變念頭、餵養希望。這三大策略的目的是讓我們更懂得掌控心理狀態，進而協助心智專注投入於自己真正想達成的目標：綻放。

1. 有意識地引導注意力

注意力十分重要。你有沒有這樣的開車經驗呢？在高速公路上開著車，路旁有個東西吸引你的目光但在尚未意識到前，車子就突然朝著水溝的方向前進了。你以為雙手一直好好放在方向盤上，其實卻不自覺做出不明顯的轉動，開始朝著視線的方向開。機車騎士對這種危急時刻尤為清楚，沒看著自己想去的地方，這種舉動十分危險。

人生好比開車，注意力放在哪個方向，就會往哪個方向開。

當我們失去重要的人事物、當情況不如預期時，很容易就會把注意力放在過往之上。回到開車的比喻。問題是如果一邊開車一邊看著後照鏡太久，遲早會出車禍。人生是發生在眼前，不是發生在背後。然而，當注意力放在哪個方向，就會往哪個方向去，無論那個方向，是否為我們想去的地方。

至於注意力要放在哪裡，我們隨時都有以下三個選項可供選擇：過去、現在、將來。

若感到哀傷或憂鬱，表示注意力可能是放在過去。若感到緊張或擔憂，表示注意力可能是放在將來。但實際上這兩個選項有個問題，就是：兩者其實都「不存在」，兩者都不是現實。過去已來了又走，將來尚未發生，我們唯一擁有的現實，就是當下此刻。這種說法並不是要指稱將注意力放在回憶上是不對的，也不是要指稱人不該思考將來、計畫將來。過去和將來在人生中各占一席之地，也都能帶來愉快的感覺（但仍視所想的事情而定）。重點在於我們要記住一點：我們每一刻都是在選擇自己的注意力要放在哪裡。既然人生是跟隨著注意力的腳步，那就必須聰明點，有意識地去選擇注意力的方向。

你唯一的現實就是現在這一刻，此時此刻，你做的選擇就是閱讀本書。我此時此刻唯一的現實就是在寫出本章內容的時候，跟同為暗夜綻放者的你展開了這段對話。熟悉「專注」一詞就會明白一點，培養專注力的要點就是訓練心智專注於當下此刻。

前陣子，我聽到某個人說，我們不應該專注打造更好的將來。這句話吸引了我的注意力，因為我之前一直覺得專注打造更好的將來是一件聰明的作為。對方接著解釋說，我們應該專注打造更好的現在。因為這麼做了以後，還是能做好準備，打造出自己渴望的將來，而且還有一點更為重要，我們能實際去體驗自己想在當下此刻擁有的人生。

綻放，是發生在當下此刻。若要體驗自己渴望的人生、成為自己夢想成為的人，最好的方法就是有意識地去專注於現在，專注想著怎麼去改善「現在」。

2. 改變念頭

置身於傷痛與苦痛，會覺得人生被情緒左右。好比坐上了惡夢雲霄飛車，下降得越來越低，無止盡旋轉。正當你覺得自己掌握了一些事情，卻砰的一聲，某件事讓你想起了自己失去的，想起了你想要卻不可得的，而你突然回到惡性的情緒循環。由此可見，我們的選擇與行為會受到自己所處情緒狀態所支配。面對現實吧！置身於黑暗時出現的情緒通常不是正面的情緒，必須想辦法把情緒從人生的駕駛座上趕下來。

問題是，推動我們的其實並不是情緒，就算感覺是那樣，但就不是如此。實際上，是「念頭」先影響情緒，再影響了選擇與行為。這是認知行為療法（Cognitive Behavioral Therapy，簡稱 CBT）的關鍵，這種療法有大量的研究經驗證據，可用於治療憂鬱症、焦慮症等心理健康問題。根據認知行為療法，其主張「**必須先改變念頭，才能改變情緒**」。

雖然我們不太可能憑藉自身意志力脫離情緒，但有兩種有效的方式可用來改變情緒：一是改變想法，二是改變做法。鍛鍊勇氣、勇敢向外拓展的綻放原則，闡述了人如何可以藉由改變行為來改變感覺。至於，本章的改變心態原則講述人可以如何改變想法，藉此體驗到更令人振奮的情緒。記住，腦海本來就會浮現很多念頭，不用每一個念頭都盡信！

那麼，所謂的改變念頭到底是什麼意思？在此舉個例子。假如某個女人的丈夫一年前去世了，而她至今還是覺得失去摯愛很崩潰。她也許會有這個念頭：「我永遠也忘不了馬克，他是我一生的摯愛，我再也快樂不起來了。」這個念頭會帶給她何種感覺？傷心，寂寞，也許還有恐懼。那麼，她會表現出哪些行為呢？她也許會把自己關在家裡，拒絕朋友的邀約，而只要是可能涉及另一個男人的事，肯定也不會涉入其中。這些自我孤立的行為會使她進一步產生以下的念頭：「我真的很孤獨，我永遠都會是孤獨的。」她因此有了更憂鬱、更寂寞、更絕望的感覺，從而做出更孤立的行為，也許是躺在床上，也許是哭泣，也許是暴食。看到了沒？腦海裡的念頭導致她陷入惡性循環。

現在來扭轉情況吧！運用同樣的原則來創造良性循環。這次她也許會有這個念頭：「我真的很想馬克，他是我一生摯愛，我不喜歡一直都很孤獨。」這各念頭還算是寫實合理，並沒有太過樂天（人們聽到「只要改變念頭，就會有好轉的感覺！」這句話，多半就會產生恐懼感）。這個念頭也許會讓她有傷心的感覺，卻不至於像她先前的念頭那樣，以為無法在人生路上往前邁進、無法再度幸福起來。沒那麼負面的感覺會帶來更正面的行為，例如：接受朋友的邀約，晚上出門赴約，這樣就不用自己一個人待在家裡。然後，她也許會有這樣的念頭：「我跟瑪麗亞在一起的時候，還是會覺得很傷心，但自己不是一個人，這樣很好，笑一下也很好。」接著，她也許會感覺到自己稍微更充滿希望，也沒那麼寂寞了。結果，她更有可能接受朋友邀約，出門赴約，或甚至是自己主動邀約，而這些行為會繼續使她的心情有所改善。

先認出哪些負面念頭會造成情緒上的困擾，再來就要挑戰並改變那些負面念頭。如此一來，就能脫離負面循環，進入正面循環。如果放任負面念頭不管，就會開始相信負面念頭，身體也會對負面念頭做出反應，人生也就會一直追隨負面念頭指定的方向。因此，要對負面念頭「頂嘴」並主導自己的心智，才能重新掌握力量，使感覺有所好轉，活出渴望的人生。

另外，在此要提出兩個問題來挑戰及改變那種無益的負面思維。

一，請自問：「這念頭是不是真實的？」如果不是真實的，就必須想出一個真實的念頭。在暗夜綻放者的腦中，不真實的念頭沒有一席之地！然而有時，念頭是真實的，例如：我的績效考核成績很差，可能會失去工作；我經診斷患有慢性病，治不好。

在這種情況下，要問自己的第二個問題是：「這念頭有沒有幫助？」換句話說，反芻思考著這個念頭，會有所幫助嗎？答案差不多都是否定的，沒有幫助。在那種情況下，請改想另一個更有幫助的事物。也許是想著，在日後的工作上，哪方面可以改變做法？又或是想著，既然患有慢性病，那我需要哪些資訊與支持才最能掌控這個處境？

雖然本章的空間不足以更詳盡討論這類概念，但是在本章結尾會提供一些很有幫助的資源，你可以更詳細了解認知行為療法以及改變念頭的方法。總之，我們在人生的黑暗時節往往會搭上情緒雲霄飛車，而雲霄飛車的行使方向，都是始於心智；在此處發動攻擊，情緒就會在人生中好好擔任乘客而不是司機。

3. 餵養希望

最後一項有利改變心態的綻放原則之認知技能，就是餵養希望。要放下過去並勇敢邁向將來，關鍵環節就是「希望」。由此可見，希望是暗夜綻放的要件。雖說希望是一種情緒，但是正如前面所提到的，**情緒是由某種思考模式引發，如果可以練習運用某種充滿希望的思考模式，就會體驗到更大的希望**。《牛津英文字典》對希望（Hope）的解釋如下：「對某件即將發生的事情懷有期望與渴望的感覺。」由此可知，充滿希望的思考是一種正面的、好奇的、成長心態型的思考模式。

期望的力量有多強大，懷抱很大的希望就有多重要，先前我們都已經探討過了。而在此要提出策略，以利各位實踐。這策略是分居期間我從寫作導師那裡學到的，救了我一命。聽好了，你需要做更多「萬一」的設想，但不是你此時此刻很可能做的那種萬一的設想。

以下的話，你說了多少遍呢？比如說，萬一我再也快樂不起來呢？萬一我再也沒辦法生小孩呢？萬一我們破產呢？萬一要治病沒辦法工作，失去房子呢？萬一沒人會再愛我呢？萬一我做不到呢？

人真的很擅長想像最壞情境。如前文所述，只要把注意力和念頭集中在負面的情境、情緒、行為上面，人生就會開始朝負面的方向走。所以，不要想像最壞情境，請開始專注想著最佳情境，如果想不出「最佳」情境，「比較好的」也可以。你做得到的！只要更改你說的「萬一」句型就可以了。

以下舉一些例子：萬一這件事會有好結果呢？萬一我臉上帶著微笑睡覺呢？萬一有另一種角度看這件事呢？萬一這是我身上發生過的最美好的事呢？萬一愛

就在前方不遠處呢？萬一我已準備好迎接某件很棒的事情呢？萬一我們的需求會被滿足呢？萬一我在這混亂的處境下並不孤獨呢？萬一我比自以為的還要堅強呢？萬一我撐過這段傷痛，結果愛上了那個跟我在一起的人呢？

像這樣提出不同以往的「萬一」問題，就會在大腦中鑿出小小的開口。你又不是在說某件事，例如「我不會失去工作」、「我會再度愛上別人」等絕對會發生，所以說出來不會讓大家覺得這種事不是真的，很容易就被否定。你是在提出一種「可能性」，好讓自己的腦袋仔細思量一番。

總之，要快速產生更充滿希望的存在狀態，絕佳的方法就是滿腦子思考這些正面又奇怪的問題。

改變心態的療癒書寫

下文的日誌題目可讓你有機會練習三大技能，進而有效地改變心態。你會探究自己大部分的注意力是放在哪裡，是放在過去？現在？還是將來？你有機會開始鍛鍊當下此刻的專注肌肉，並在引導下進行寫作練習，以利辨認、挑戰及改變無益的思考模式。如此一來，就能根據自身的價值觀與真正的渴望（而非根據情緒），做出選擇並投入行動。最後，你會寫出餵養希望的方式，而習慣採用正面的「萬一」句型即是其一。

◆有意識地引導注意力：你把注意力集中在哪裡？

你大部分的注意力是放在哪裡？是留意過去發生的事嗎？從遙遠的過去（例如多年前）到近期的過去（例如昨天或幾小時前）都包括在內。還是留意現在發生的事（亦即此時此刻發生的事）嗎？抑或留意將來發生的事（也許是遙遠的將來，也許是很快就會到來的將來，例如明天）？

將注意力想成是一張一百元的美金鈔票。請估算自己通常會怎麼把一百美元分配給過去、現在、將來。

- 當你想著自己把注意力花在哪裡的時候，會有哪些感覺與念頭？
- 你對於自己度過當下此刻的方式，是否想做出改變？
- 想做出哪些改變？你今天就能開始實踐的一、兩個小步驟是什麼？

◆有意識地引導注意力：專注練習

選出一件你想每天花幾分鐘，更專注投入的小事。不用是什麼重要的事，小小的事情就可以。這項練習只是用來訓練心智，練習把注意力放在「現在」之上。也許你會想要每天早上都專心刷牙，或晚餐後專注洗碗盤，或對小孩專心說晚安。描述你會專注從事的一項活動，想想自己每天花幾分鐘全神投入這件事，會有怎樣活在當下的感受。請把感受寫在日誌裡。每週至少寫一次。然後，在日誌中回答下列問題：

- 你學到了什麼？
- 有什麼讓你感到訝異？
- 基於這樣的專注經驗，你會做出哪些改變？

我投入的專注活動是：

我對專注練習的感想：

◆改變念頭：轉念三步驟

針對讓你感到不開心的處境，請試試下列三步驟。當我們正在想著負面的或無益的念頭時，通常都會出現負面的情緒，例如：傷心、絕望、生氣、緊張的感覺。每當你留意到自己陷入負面情緒時，就請進行以下三個步驟。

1. 察覺念頭：

我的念頭、信念或期望：

這念頭帶給我什麼感覺：

我有這種想法與感覺時會出現什麼行為：

2. 挑戰念頭：

這念頭是真實的嗎？這念頭對我有益嗎？我有什麼證據可以證明這念頭是真實的？我有什麼證據可以證明這念頭不是真實的？

3. 改變念頭：

我還有什麼別的話能對自己說？真實的情況是什麼？比較有利於己的思考模式是什麼？

◆改變念頭：不同視角的相同故事

你是如何向自己訴說這段置身於黑暗時期的故事？這是一個導致你進入這段傷痛和苦痛時間的故事？還是一個給予你人生另一段艱辛處境，進而引發負面情緒或某種沒解決的感覺？

接下來十分鐘至十五分鐘的時間，請寫幾個段落描述你的故事，內容要包含事實、感覺、念頭、解釋。寫完後，試著用另一種視角來描寫故事，這次請採用「自己已完全綻放」的視角書寫。站在那個觀點來看，你的故事會是怎樣的？下文會用我自己的綻放故事來舉例。閱讀時請留意一點，我表達事件的時候，採取了不一樣的途徑。讀完我的第一篇故事，出現什麼情緒？而讀完第二篇故事，又出現什麼情緒呢？

現在，親自試試看吧！記住，內容要包含事實、感覺、念頭、解釋，但這次是要站在「你已美麗綻放」的視角。

• 蜜雪兒的故事

視角一：基本描述

二〇〇五年，我莫名其妙生了病。當時我剛去杜克大學醫學中心實習，只要完成這最後一年必修的臨床實務就能拿到博士學位，且論文答辯也已順利完成。那時是九月，再十個月就能達到人生夢想。此時，我卻突然出現一些問題。一開始是快速加劇的疲勞感。午餐時間，我會回家試著睡半小時，工作完就回家吃晚餐，然後睡覺。週末都待在床上，試圖拋開疲勞感。我看了一個醫生又一個醫生，沒人知道我到底出了什麼問題。血液檢查結果也都正常。有位內分泌科醫生要我不時小睡一下，以為那就是問題所在。到了十一月，我下不了床，不得不退出實習。

最後，經過整合醫學科醫生的診斷，我罹患腎上腺疲勞症。此外，我還有單核白血球增多症和鏈球菌咽喉炎。接下來七個月，我都待在床上。我以為自己快死了，做什麼都對我沒有幫助。我絕望至極，有些日子會覺得自己不想再繼續努力下去，因為我連最基本的事情都做不到。看來是沒辦法完成實習，也拿不到博士學位。等我隔年終於能回去了，不得不從頭開始，跟新一班的實習醫學生一起實習。我是那個沒辦法第一次就成功的人，是連實習都過不了的耶魯研究生，簡直冒牌貨。

視角二：綻放視角

二〇〇五年，我莫名其妙生了病。當時我剛去杜克大學醫學中心實習，只要完成這最後一年必修的臨床實務就能拿到博士學位，且論文答辯也已順利完成。那時是九月，再十個月就能達到人生夢想。此時，我卻突然出現一些問題，花了很長的時間才有醫生弄清楚我是出了什麼問題。有人建議我試試整合醫學，因為常規醫學對我沒有幫助。我不知道還有另一種方式可以檢查健康及治療患者。我沒有服藥，反而服用許多補充品與草藥。我得知了壓力對身體造成的影響，因此學會了靜觀的方法。我在杜克大學修了兩堂身心減壓的密集課程，還認真做了靈性練習。

我不是醫護人員，而是患者了。在生病期間學到的東西也遠超乎實習期間所學。我學到的東西會在下半輩子實踐，會教導個案，會教導其他嶄露頭角的醫護人員。一年後，我就有能力回去實習並順利完成實習，甚至還提早完成博士後工作，成為教授，而與此同時，第一年實習班的同學拿到他們第一個教師職位。我不僅沒浪費時間，還學到很多，要是沒得到這令人費解又衰弱的疾病，根本不可能學到這麼多。我跟神的關係更緊密了，現在的生活方式健康許多也更平衡了。我有一部分的人生使命就是把這正面的力量給傳遞出去。現在，我負責管理整合健康與安適研究生學程，經營安適工作坊，從事整合心理治療。

◆ 餵養希望：最佳情境

我們花了很多的心理能量，去擔心最壞的情境，以為自己替最壞情境做了打算，多少就會有了更好的準備。可惜並非如此，這樣不僅沒有辦法做出更好的準備去面對害怕的處境，還讓自己在過程中變得相當難受。大部分的時候，我們擔心的情況永遠不會發生！

不要想像最壞情境，請把腦袋用在相反的方向，請想像最佳情境。花點時間寫出你目前的情況（或人生）可以走的最好途徑，越詳細越好。接著，寫出你想著最佳情境時有何感受。

◆餵養希望：萬一？

「萬一」你可以用自己的話語，創造出渴望的情況而非恐懼的情況呢？試著寫出五到十句吧！句子的開頭是「萬一……？」。範例可以參考本章的前文。

萬一……？

萬一……？

萬一……？

萬一……？

萬一……？

◆寫完之後，你覺得……

1. 完成本章的書寫題目後，你的心裡浮現了什麼？你是跟自己的內心合作？抑或抗拒自己的內心？你是怎麼發現的？
2. 本週有什麼成長嗎？就算是只成長一點點也算。你有沒有做出任何改變？有哪些地方是你引以為榮的？
3. 你在人生中，要如何持續應用這個綻放原則呢？

持續綻放的訣竅

如果你喜歡本章的認知策略，想更深入了解這些概念，有一些絕佳的書籍與工作手冊可以做進一步參考。

如欲訓練注意力並深入了解何謂專注，請閱讀下列書籍：

- 喬．卡巴金（Jon Kabat-Zinn）的《正念減壓初學者手冊》
- 德寶法師（Bhante Henepola Gunaratana）的《平靜的第一堂課：觀呼吸》
- 瑞克．韓森（Rick Hanson）的《像佛陀一樣快樂：愛和智慧的大腦奧祕》
- 史賓賽．強森（Spencer Johnson）的《誰找到了我的禮物？》

如欲深入了解何謂改變念頭，請閱讀下列書籍：

- 大衛．史都（David Stoop）的《你的想法造就你的模樣》（直譯，You Are What You Think）
- 大衛．伯恩斯（David Burns）的《好心情手冊1：情緒會傷人》
- 丹尼爾．亞曼（Daniel Amen）的《一生都受用的大腦救命手冊》
- 夏倫．貝格利（Sharon Begley）的《訓練你的心靈，改變你的大腦》

- 約翰・雅頓（John Arden）的《大腦升級 2.0，鍛鍊更強大的自己》

以上這些都是絕佳又詳盡的資源，可以讓我們深入了解如何運用專注力並改變思考風格，使人生產生正面的變化。話雖如此，有些時候，這些書籍並不夠。如果覺得掌控不了內心的念頭，或者深陷於思考的窠臼，無法自行逃離，或者很久以後還是心情不好，那麼去找臨床心理治療師，接受認知行為療法，有可能從中獲益。

暗夜綻放者：歐普拉

歐普拉是全球最有權力與影響力的其中一位女性。她的人生始於黑暗，生於貧困，從小輪流跟著母親、祖母、父親生活，覺得自己不被需要，經常遭受毆打，還被幾個家人性虐待。她說，因為被虐待的關係，所以十幾歲就濫交，十四歲發現自己懷孕。她懷的小男孩出生後幾週就死了，她深感羞愧，多年守著這個秘密。

這辛苦的處境一直延續到成年初期，她展開職涯之時。她獲聘擔任巴爾的摩夜間新聞主播，但幾個月後就失去該份工作。對方說她「不適合電視」，所以她就降職，負責寫作與街頭報導。身為記者的她被罵稿子寫得太慢，對於報導對象太有惻隱之心、太涉入其中。

然而，大家都知道歐普拉的故事並未止步於此。童年的傷痛事件與事業初期的失敗並未影響到她，她反而運用這些經驗找到自己的聲音與人生的目的。大家確實也很常引用她說過的一句話：「史上最偉大的發現，就是：人只要改變態度就能改變將來。」

歐普拉懷抱綻放態度與意念，造就出優異的結果。她製作的日間脫口秀節目《歐普拉秀》（*The Oprah Winfrey Show*）大獲成功，從一九八六年播放到二〇一一年。她三十二歲就躋身富豪之列，創辦每月出版的《O：歐普拉雜誌》（*O, The Oprah Magazine*），有自己的電視頻道 OWN，有自己的 Podcast 節目，製作影片與百老匯音樂劇，演出《紫色姊妹花》電影更榮獲最佳女配角提名。《生活》（*Life*）雜誌評選她為當代最具影響力的女性與最具影響力的黑人。她也獲 Time.com 與 CNN 選為「全球最具權力的女性」。

在歐普拉的眼裡，黑暗是豐饒之地，產出的珍寶讓她得以用來激勵自己往前邁向夢想的人生。她在媒體界的成就大半是因為美國大眾把她視為「我們的一份子」：她經歷痛苦的掙扎、失去、失敗，還坦然說出這些經歷，她因此顯得真誠並引起大眾共鳴。她與來賓和觀眾對談，也表現出深刻又顯而易見的同理心。歐普拉的工作與人生使命有個主題，那就是運用自己在黑暗裡的經歷來激勵他人度過黑暗、脫離黑暗。她的人生格言是：「人生中沒有什麼是白費的。」、「人生會為你帶來助益，不會對你不利。」

歐普拉在青春期中期的時候，父親就採用暗夜綻放訊息，幫助她掌握自主力量。某次訪談，歐普拉說：「父親堅信我將來不只如此，他扭轉了我的人生。」她確實不只如此，她的人生帶來啟發，呈現出暗夜綻放的涵義，受到影響的不只是一個人而已，她的人生感動了數以百萬計的人們。

39 Lipton, B. Biology of Belief: Unleashing the Power of Consciousness, Matter & Miracles. Carlsbad, CA: Hay House, 2016.

| 第七章 |

梳理精神信仰

與神的園丁展開一場角力對話，

記錄你對信仰的探索質疑

他引導我，使我行在黑暗中，不行在光明裡。

——《聖經，耶利米哀歌》（*Book of Lamentations*）第3章第2節

事情發生於，我在家中的辦公室以跪姿起身的四十五分鐘後，我舉起雙手臣服，禱告了三句話：「神啊，我們倆把婚姻弄得一團糟。我們需要祢的幫助。我把這樁婚姻交託給祢。」我當然沒打算重現《享受吧！一個人的旅行》的電影情景，但結果不如所願。

我躺在我倆的床上，試著去讀點什麼。我想到當天早上先生和我從教堂返家的路上是怎麼吵了起來，內心五味雜陳。於是走去廚房，他正在廚房弄零食。我向他道歉，還對他說我有多想他，想他想了很久。他嘟囔幾句，說他聽到了，然後繼續弄零食。我吃力地爬上樓，內心沉重。

不久後，他上樓，請我去客廳跟他聊。我的身體湧出了希望。最後，我們倆討論了夫妻關係疏遠的情形，以及可能解決的辦法。我舒服坐在雙人座沙發上，接著卻聽到令人震驚的話，他平靜地對我說，他不愛我了，很久就不愛了，諮商也不想試，已經找到公寓，兩個星期後就要搬出去。他受夠了。我坐在那裡，錯愕不已，拼命想弄清楚到底怎麼了。我請神幫忙，不過才四十五分鐘前的事。誠心誠意祈禱神幫忙，有哪種神的回應是離婚判決啊？

身處於黑暗之中，不僅會影響我們的情緒、心理和生理，對許多人而言，置身黑暗也會動搖自身的心靈，其影響有時會深入核心。凡是經歷了人生苦境，確實，經常要承受靈性掙扎與靈性傷痛。人們往往會開始質疑起自己曾經深信的精神信仰，例如：「神賜予我的，永遠不會超過我所能承受的。」、「神會幫助自助者。」、「神愛我。」

這類的靈性掙扎有時是如此強烈又驚天動地，使得有些人在黑暗裡失去了「信念」。他們找不到途徑，無法把自身經歷融入自身的信念系統中，因而必須大幅改變信念系統或拋下信念系統，以整合自身的內在感覺，不會覺得一切過於混亂。不過，有趣的是，有的人卻做出相反的反應，這些人認為在黑暗中反而增強了信念。這些人表示，自己之所以能度過這一切，信念是主因。

在這靈性光譜上，無論你是處於哪個位置，本章都很適合你。接下來要探討第七項暗夜綻放原則「辨明精神信仰」，在副標我使用「神的園丁」一詞，來指稱人生中神聖又超然的一面；你或許會把這樣的存在或力量稱之為神、起源、能量、至高力量等。為了方便寫作，我有時會交替使用「神的園丁」與「神」二詞，並使用男性代名詞「他／他的」，但是你可以根據自己的情況、自己的精神信仰和宗教信仰，用其他的詞彙與代名詞取代。本章有兼容並蓄之用意，希望你在書寫當中獲得慰藉與療癒。

靈性傷痛，既真實又重要

雖然靈性傷痛是真實的，但我們往往守口如瓶。靈性傷痛很私密，承認自己正在經歷靈性掙扎，有可能會覺得很丟臉；尤其，尤其若是在自己所屬信念體系的常規中，所謂的「好」（用你的精神信仰或宗教傳統填空）就是不對神生氣、不感到憂鬱、不要有靈性上的疑慮，那就會覺得更丟臉。接著，在我們自己（或他人）施加的寂靜與孤立狀態下，進而使靈性的傷痛與掙扎變成一片更為孤寂又無從穿越的荒野。

經歷了失去與不幸，我們可能會問神，為什麼他會放任這種事發生？有些人覺得自身的苦痛是因為自己肯定做錯事，神才會施加懲罰。有些人則會覺得自己被神拋棄，以為神要是真的愛他們，就不會放任這種可怕的事情發生。還有些人在經歷了失去知後，就不相信神的存在。

關於「靈性傷痛」和「靈性掙扎」的相關研究，已有長達數十年之久。研究員發現精神掙扎，亦即神聖事務上的緊繃與衝突，應該可分成三大類：神性、內在、人際。換句話說，我們有可能在神或神性上產生掙扎，例如：「為什麼神會放任這種情況發生？」或「神拋棄了我。」；我們有可能在內在產生掙扎，例如：懷疑或愧疚；我們有可能跟別人在靈性問題上產生掙扎，例如：在靈性做法或信念上，跟別人起了衝突或遭受批評。

壓力很大時，經常會經歷靈性掙扎。實際上科學也顯示，人們越是有靈性掙扎，越有可能感到憂鬱不安，生活品質越低，兩年內的死亡風險甚至會增加[41]！更有許多實證說明了，為了身心幸福感起見（靈性的幸福感就更不用說了），我們必須認真看待靈性掙扎。

你如何看待靈性傷痛？

我們當中有很多人遲早會提出以下的問題：「如果神存在，為什麼他會任由壞事發生？尤其是壞事為什麼會發生在好人身上？」針對此一提問，有許多其他書籍深入探討了神學上的解釋。而本章的用意，並不是要在神學上揭露真相。在「人類何以受苦」的問題上，宗教圈與靈性圈各有不同的教義與教導，我甚至沒辦法就此問題提出公正的見解。本章的用意就跟其他章節一樣，都是在主張人們應可採用「其他方式」來看待自身經歷的苦痛，從而促進自身的成長與轉變。只是這次，是要站在靈性成長的視角來看待苦痛。

首先，我要先坦白說出有關自己的兩個要點：我相信神是良善的；我不明白神何以讓人受苦。即便如此，我仍自有一套想法與假設，即使有些事件糟透了又惹人心煩，我尚未找不到任何滿意的答案，不過，我確實有個看待苦痛的靈性視角，能讓我和許多個案獲得莫大的慰藉。在此提供該視角的觀點，給各位參考。我明白，有些人為求找到意義與平靜，內心不斷掙扎，而該視角可帶來撫慰。不過，我也很清楚，有些人為求找到意義所做的掙扎會一直持續下去。如果你是屬於後者，在此祈禱你從其他來源持續尋求靈性傷痛所需的療癒良方。

葡萄園丁的良善，隱而不顯

在此使用葡萄園的情景，來呈現一種看待苦痛的潛在靈性視角。採用這種視角後，神的園丁的良善（儘管那樣的良善往往隱而不顯又令人費解）或許可能性隨之提高。

你有沒有去過葡萄園？去過的話，就很可能凝視過修長筆直的一排排葡萄樹，茂密的綠色藤蔓相互糾纏，也嗅聞過成熟的葡萄散發出甜美的香氣。站在葡萄樹之間，即可感受到飽滿的生命力。那就是夏季到訪葡萄園會有的感受。

到了秋天時節，葡萄園的樣子截然不同，成了一處荒蕪貧瘠之地。有一點更令我詫異，隨著季節的變換，葡萄園丁（負責照料葡萄樹及收割葡萄的人員）的個性，似乎也有了令人不安的變化。整個春夏，園丁懷著愛意與自豪感對待葡萄樹，體貼又細心。葡萄樹就是他的人生，他辛勞工作好幾個小時，保護葡萄樹的健康與安全，好讓葡萄樹有最大的機率能長得健壯又多產。夏末初秋的收成時節，葡萄園丁仔細摘下自己培育多月的成熟果實。

然而，從葡萄樹收割了葡萄後，這一位懷著愛意的園丁隨即拿起修枝剪或手鋸，無情地把葡萄樹砍掉一大半。這畫面猶如一場大屠殺，光禿禿的葡萄樹被大剪成小枝條，跟先前的燦爛模樣簡直無法相抵。此時，不了解的旁觀者肯定會覺得納悶不已，園丁怎麼會用如此粗暴的方式對待葡萄樹，葡萄樹才給了他豐碩的葡萄收成，使他得以維生，怎能表現得冷酷又殘忍。

於是，我前往北卡羅萊納州參觀某處葡萄園，想深入了解葡萄的成長。葡萄園主人帶著我在一排排葡萄樹之間漫步，成熟的葡萄沉沉壓著葡萄藤，於此同時，他解釋整個過程。他對我說，他的葡萄年年長得更大、滋味更好，主因並不是土壤、雨水、陽光，雖然這三個要素確實扮演著重要的角色。他說：「不是這樣的，葡萄成長的最重要環節是在收成後，我每年冬天都會修剪，這樣每年夏天就會有更好的收成。新手園丁犯下的最大錯誤，就是葡萄樹砍的不夠多。」

我學到了一點，葡萄樹每年都必須適當修剪，必須深深砍進葡萄枝而後砍斷，下一季才能產出更多的果實。關愛的園丁會勤勞地修剪葡萄樹，而懶惰的葡萄園丁（不在乎葡萄樹的狀況或產出的果實）則是會不管葡萄樹。也就是說，**被愛的葡萄樹經歷傷痛，被愛的葡萄樹受著苦，失去一部分的自己；不被愛的葡萄樹被放著不管，過得舒適又滿足。**

神的園丁懷著關愛的意念，促使我們有所成長

你看，葡萄園的園丁，像不像是神的園丁，拿著修枝剪或開山刀或弓鋸對著你的人生？我的人生有時就有那樣的感覺。然而，我也覺得自己被輕推著去思考以下的想法：我們在人生裡的黑暗時節所承受的傷痛與苦痛，其實背後都有著關愛的意念。

神的園丁之所以任由傷痛的情況、處境、人們存在，也許並不是因為我們做了什麼錯事，也不是因為我們被放棄，更不是因為園丁冷酷或疏忽使然。之所以任由這些事情存在，或許是因為我們是被愛的，好讓我們變得比以前還要出色。在參與綻放過程的相關各方當中，就屬園丁會希望他照料的花朵盡可能展現出最盛大、最鮮明、最美好的綻放；這點我覺得合情合理。要付出什麼代價才能達到這個目標，身為園丁的他十分清楚。然而，問題在於就算是（特別是）我們的人生發生的情況很沒道理時，我們還能不能信任園丁呢？

我以前就說過了，現在再說一遍：「我不認為我們身上發生的創傷事件都是好事。」人生的修剪情況背後也許有著關愛的意念，但修剪不會因此變成好事，傷痛不會因此減少，暴行不會因此變成正確的事情，失去不會因此變成渴望的事物。前文已經探討過了，人生中沒有什麼是白費的。就我個人看來，神的園丁並不是有意帶給我們傷痛與苦痛。在我看來，**神的園丁是運用我們身上發生的一切（包含傷痛與苦痛），促使我們成長及轉變，不是要毀掉我們**。身為園丁的他對我們的潛力一清二楚，他看見的是我們完全綻放的美好狀態；我們看見的則是糟糕的混亂、可怕又不公的失去、必須付出很多努力的人物、黯淡無望的處境。我們覺得傷痛緊抓住我們的核心不放。有時，我們會把自身的苦痛看成是神的園丁離開了我們，或者已經不關心我們了，就因為他任由壞事發生在我們身上。

同樣的，葡萄樹枝也很容易會這樣看待園丁的修剪。把劇烈的傷痛想成是被砍成一半，在那之後盡力回以豐碩的收成，讓園丁開心起來。然而，如果葡萄枝懂得園丁及其引起傷痛的行動背後的意念，那麼葡萄枝就會明白了：園丁對葡萄枝所做的一切，都是為了讓葡萄枝與葡萄園達到至善。就算葡萄枝不理解園丁在做什麼，就算園丁做的事會給葡萄枝帶來莫大的傷痛，葡萄枝還是會相信園丁。

因此，我不由得有了以下的想法：「當我們的人生在黑暗中被修剪來、修剪去時，神的園丁也是做著同樣的事情嗎？」

黑暗，使我們得以認識園丁的用意

當我們經歷自身的地獄，還要做到相信神的園丁，唯一的方法就是去認識園丁。園丁的個性怎麼樣？他對我有何意圖？唯有這樣才不會使人想放棄傷痛無比的修剪過程。在黑暗中，我們將以全新的方式認識自己，認識自己的能力。同樣的，我們在黑暗裡會收到一大贈禮，那就是有機會採取陽光下行不通的方式，認識園丁。

好比秋冬兩季才能看到園丁的不同面向（在乎長期收益、而非短期慰藉的葡萄樹愛好者），神的園丁有一些面向是陽光下看不到或經歷不了的。在陽光下，我所認識的神的園丁是關愛的存在，關心著我，和善又幽默，帶來莫大的喜悅與平靜。然而，在我那最深沉的傷痛構成的黑暗中，神的園丁在我面前顯現為丈夫、母親、療癒師、醫護者、拯救者、朋友、安慰者、諮商師。我頓時明白，這些都是神的不同面貌，而唯有身處黑暗中，才能看見並經歷這些各種不同的面貌。我在陽光下的需求與經歷有別於黑暗裡的需求與經歷，因此，我與神的互動方式也隨之不同。我明白了，肥沃的黑暗覆土等於是在邀請人跟園丁建立親密的關係，這在陽光下是辦不到的。

離婚成了我的一大美事。過去幾年，我多次默默感謝前夫放了我，更感激神的園丁並沒有應允我那自以為是的需求，而是以他的方式回應我那三句話的禱詞（後續一年為求破鏡重圓所做的每日祈禱就更不用說了）。後來我才明白，所有的「否定」都是為了造就出一句重大的「肯定」，而那重大的「肯定」其實是我：完全綻放的自我。

應對問題，才能找到答案

不要誤會我的意思，我是花費了好長的時間、好多的角力，才得以來到這處平靜之地。我對神的園丁最先提出的疑問是：「為什麼你會放任這種情況發生？」如今的疑問是：「你打算怎麼利用這種情況？在此，什麼是更高的視角：神聖的視角？」

德語詩人里爾克（Rainer Maria Rilke）有段文字很適合這樣的背景脈絡：「耐心看待內心未解的種種，試著去愛問題本身，待之如上鎖的房間，待之如以陌生外文撰寫的書籍。不要現在就企求答案，答案是給不了你的，畢竟你尚且活不出答案。重點在於活出種種面貌，現在就活出那些問題吧！也許日後會漸漸不經意在遙遠的某日活出答案。」

我發現一點，要度過靈性苦痛，其中一種方法就是提出問題並充分投入其中。允許自己在黑暗裡跟神的園丁來一場角力對話，這樣就算是在應對問題了。

你也可以這樣想，據說關係結束的其中一種跡象就是冷漠感。如果有人很生氣或氣餒或煩憂，就表示還投入其中，還很在乎；反之，冷漠就表示有人放棄了，再也不在乎了。

對於你的憤怒、絕望、疑慮、恐懼，神的園丁既不害怕也不覺得被冒犯。你的情緒與念頭並不會讓他感到吃驚，他懷著關愛的意念，想讓你獲得療癒、成長、轉變，而你的情緒與念頭並沒有大過於此。在我看來，應對問題、感受情緒、表達情緒、承認自身視角有限、跟神的園丁來場角力對話，都能以在陽光下行不通的方式，加深靈性、拓展靈性的各種可能性。

梳理精神信仰的療癒書寫

你對神的園丁抱持的信念，以及你那艱辛的人生經驗，兩者是有所差別的。請參考下文的書寫題目，就有機會克服兩者的差別。在此你有機會跟神的園丁來場角力對話，把你可能感受到的情緒，例如：憤怒、絕望、怨恨等，全都安全且充分地表達出來。

有些事情，你跟別人說可能會感到不自在，因此，在這個書寫過程中，你將有機會放心的全部說出來。此外，這類的書寫練習也會打開一處空間，好讓你往後退一步，想一下神的園丁在你身處黑暗之時，可能會做些什麼？園丁可能會以何種新方式展現自己？這些書寫題目，使你有機會去探究並更深入認識神的園丁是誰？他在你人生裡的這段時間做了什麼？

請注意，如果不認同靈性或宗教，則可跳過書寫題目，以更合乎自身信念系統的方式來解釋「神的園丁」，並按照自己的想法來修改書寫題目。

◆差別

黑暗，是如何影響你的靈性上的幸福感、信念、做法？你對神的園丁抱持的信念，以及你那艱辛的人生經歷，兩者是不是有所差別？你對哪些精神信仰開始產生質疑？

回答問題時，需要多少時間就花多少時間。你經歷過的其他的靈性掙扎也可以寫出來。想通過這個階段，第一步就是承認自身的掙扎並克服兩者的差別。

◆我的哀歌

哀歌是很古老的表達方式，眾多信念體系的個人會藉由哀歌向神表達傷痛與苦痛，表達關於神帶來的傷痛與苦痛。紙頁是安全的地方，可以讓你充分表達可能會感受到的所有情緒，例如：對神、對他人或對自己產生的憤怒、絕望、怨恨。有些事情你跟別人說也許會感到不自在，所以，請允許自己在哀歌裡盡情傾訴。此外，請允許自己在此跟神的園丁來場角力對話，把傷痛、哀傷、疑慮、問題、絕望……，腦海裡浮現的一切感受，全都傾吐出來吧！

◆園丁與葡萄樹

你對於葡萄園與園丁的比喻有何反應？這個視角有沒有引起共鳴？原因是什麼？你是否覺得自己的人生好像正在被修剪？你認為這樣的修剪有什麼意義？

◆黑暗中那位神的園丁是誰？

看看自己是否能從自身的處境中暫時往後退一步，進入好奇心狀態。如果非得猜一下，那你覺得神的園丁在你的黑暗之中，可能做了什麼？又，神的園丁在黑暗之中，向你展現的哪些層面是陽光下看不到的？

◆跟神的園丁對話

我們身處於黑暗時，往往會問：「為什麼是我？」、「為什麼你會放任這種情況發生？」請用接下來的十分鐘或十五分鐘，改向神的園丁提出以下的問題：「你打算怎麼利用這種情況？在此，什麼是更高的視角，神聖的視角或用意？」

先花幾分鐘的時間靜思、靜觀或祈禱，提出問題並聆聽答案，也許會對於你的書寫過程有所幫助。有時會覺得答案宏亮又清楚，有時會覺得內心留下了模糊的印象或依稀的感覺。有時答案會以畫面的形式出現。等你準備就緒之後，再請睜開眼睛，把你聽到的或感覺到的，通通寫下來。

◆活出問題

你認為「活出問題」是什麼意思？你活出的問題有哪些？若要充分應對問題，你需要付出什麼樣的努力？這麼做的話，對你有什麼好處？

◆寫完之後，你覺得……

1. 完成本章的書寫題目後，你的心裡浮現了什麼？「梳理精神信仰」的過程中，發現自己展現了什麼樣的念頭、情緒，或身體反應嗎？

2. 本週有什麼成長嗎？就算是只成長一點點也算。你有沒有做出任何改變？有哪些地方是你引以為榮的？

3. 你在人生中，要如何持續應用這個綻放原則呢？

持續綻放的訣竅

寫日誌描繪靈性傷痛與掙扎雖頗有幫助，但有時仍會需要另一個人在場目睹或提出明智的指引，才能徹底解決靈性傷痛。

如果你是這種情況，請找個神職人員、靈性大師、靈性導師，或者在靈性掙扎問題與存在主義問題上受過處理訓練的治療師。前述專業人士接受過聆聽、慈悲（不批判）、諮商的訓練，他們不僅認為你的靈性傷痛合情合理，也會幫你找出途徑度過傷痛。

靈性傷痛雖是既真實又重要，卻不用非得永遠是你人生的一部分。正如聖十字若望（St. John of the Cross）所言，靈魂的暗夜是黑暗的一夜，並非永恆的黑暗。願神的園丁懷著的關愛意念成為你這一路上的光。

41 Pargament, K.I., H.G. Koenig, N. Tarakeshwar, and J. Hahn. 2001. "Religious struggle as a predictor of mortality among medically ill elderly patients: A 2-year longitudinal study." Archives of Internal Medicine 2001;161(15):1881–5. doi:10.1001/archinte.161.15.1881.

第八章

感恩之心

用愛和感激施肥貧瘠之土，

感謝歷經低潮後的自我成長

愛是永不止息。

——《聖經，歌林多前書》（*First Epistle to the Corinthians*）第13章第8節

你現在已經十分清楚，暗夜綻放並不是一夜的經歷。正如大自然，綻放是一個過程，對許多人而言，這個過程既漫長又艱辛。正如我們無法確定十分鐘前放進烤箱的蛋糕是否充分烤好了，我們也無法某天就突然確定自己是完全綻放了，但還是可以做一些事情縮短這個過程。

我把這些事情稱為綻放肥料。所謂的「綻放肥料」是我們可以採取的心態與行動，用以增加轉變的動力。綻放肥料多之又多，但在我看來，愛與感激是其中效力最強的。本章闡述的第八項暗夜綻放原則，是要探討「用愛與感激施肥貧瘠

之土」是什麼意思，這些強大的加速方法何以有用，以及在綻放過程中要如何運用這些方法。

愛？跟這有何關係？

幾百年以來，文學、詩詞、音樂、藝術的主要題材都是愛。而我想要採取稍有不同的角度。我想談的是在「黑暗中的愛」（不是光線都消失而你跟甜心在一起的那種黑暗裡的愛）我要談的是人生分崩離析後所出現的愛，是賦予我們意義的一切都被奪走後所出現的愛，是跌跌撞撞過日子時、扛著職責匍匐前進時、失去早上起床的理由時所出現的愛，是黑暗的、傷痛的、折磨的人生時期所出現的愛。沒有什麼比這種愛還要更浪漫；而且這樣的愛很艱難。

想想自己戀愛的時候吧！還記得你為了摯愛做出的所有好事嗎？你或許曾經試著爭相對對方好，思考什麼事情會讓對方露出微笑，然後盡可能地經常去做那些事。你之所以這麼做，是因為你把對方放在心上。你不介意犧牲時間、花費金錢、多做些雜務，因為看見摯愛露出微笑，你就開心了。

現在，再想想最會惹怒你的那個人，或者傷你最深的那個人。對某些人而言，跟剛才想的人會是同一個人。為了這個人，你有動力去做了多少件好事？為了這個害慘你人生的人，你犧牲了多少時間？花費了多少金錢？額外扛起了多少負擔？我敢打賭，若真的有這個人，你也不願意為他做太多；我們不會為了仇人，寫一首充滿甜美空話的詩作。

我們被對方善待、被對方愛的時候，很容易就能去愛對方。然而，去愛一個傷害我們、害我們人生變得艱辛的人，那就截然不同了。然而，當我們被拒絕、被拋棄、被輕視、被欺騙、被說八卦、被解雇、被劈腿、被趕走、被不當對待的時候，正是回以愛的大好機會。我不曉得你會怎樣做，但在這種時候，我通常不會太有愛！實際上，要是我受傷了，就寧願成為愛的接受者，而不是成為回應愛的人。那麼，為什麼我會建議大家在身處黑暗時，務必要選擇給予愛呢？

付出愛，為了是改變自己而非他人

因為「愛」是你在黑暗中的祕密武器，是獨門的醬汁，是快速充電器。根據許多的靈性信仰，愛確實是宇宙裡最強大的力量。為什麼在黑暗裡我們需要去愛呢？因為愛是我們所擁有的最好的肥料，越去使用，轉變就越容易。

讓我在說清楚些。**我們去愛，不是為了有所得；我們去愛，是為了有所成**。從我個人與臨床經驗，我留意到一點，去愛別人不一定可以改變自身的處境或他人，甚至不一定能獲得自己渴望的成果，但是給予愛的人會有所「轉變」。換句話說，去愛別人，你會有所轉變。在我看來，這是暗夜綻放中極其美好的一面。

我是在自己的暗夜綻放過程期間，學到這個深奧的真理。先生說他要離開後，我有長達數週的時間，每天都會跪下懇求神的園丁，以他的愛透過我去愛先生。我一天懇求多次，希望自己能成為勇敢去愛、付出很多愛、好好去愛的女人。我在那段時間有所求，做了許多禱告，雖然神對此也許並未回應，但是他回應了別的事情，我全心全意愛那個男人，我愛他的方式是我們兩情相悅時、我倆感情最好的時期，也未曾展現過的：我對先生的愛，彷彿我未曾愛過一樣。

而在我開始懇求成為一個能給予他人滿滿愛的人之後，一些驚人情況隨即開始發生。我的內在開始轉變，而這些轉變展現在我的態度與行為上。我不是努力去愛，我沒有勉強自己去愛。我是發自內心的愛先生，而那個男人不想跟我扯上關係了。你得要曉得，我覺得這種情況好瘋狂。我還以為那段時間我會感受到苦澀、憤怒或怨恨的情緒，可是，我感受到的卻是愛、尊敬、溫柔。實在令人驚訝。回頭想想，我之所以能正常過日子，撐過離婚的難關，沒有殘留一丁點怨恨或憤怒，最主要的關鍵原因，就是我選擇去愛他。

起初，我以為全心全意去愛先生，能夠軟化他的心、挽救我倆的婚姻。但實際情況卻恰好相反，我越是去愛他，他就更鐵石心腸，他把我講得更難聽。雖然我去愛他，我的狀況並未改變，先生也沒有改變（起碼是沒有明顯到我能夠察覺）。但反而是我這位給予愛的人有所轉變，這種狀況我從來沒有經歷過。

充滿生命力的導管

你知道嗎？好比花朵會透過根莖吸引養分，我們人類也猶如是有「生命力」的導管：流經我們的「一切」會滲入我們、改變我們。而這有生命力的導管，只能浸在那些流經導管的一部分物質中。由此可見，如果我們選擇成為愛的導管，那麼流經我們的愛，就會以強大的方式改變我們；反之，如果我們是憎恨、怨恨、苦澀、不寬恕、怒氣的導管，那麼我們就會吸收這些物質並因此產生變化。愛會把生命力帶給我們，而負面的物質則耗盡我們剩餘的力量與活力，如此為之，一段時間過後，我們就要承受心理、生理、關係上的難關與疾病。

當我讓愛流經自己，就會感受到我是愛自己的。在艱難的困境中，我咬緊牙關繼續堅持著。對於讓我大失所望的那個人，我相信對方有很好的一面。對於我的將來甚至是我倆的婚姻，我充滿希望。我努力撐下去，毫不動搖。愛傾瀉到我這個有生命的導管中，影響了我的內外在。

我認為靈性信仰的看法很正確，「愛」確實是宇宙中最強大的力量。愛比恨更強大、比苦澀更強大、比你對抗過的任何力量還要更強大。當你置身於那股最強大的力量之流，當它進入你又流出去，你必然會有所轉變。在黑暗裡能做的事情當中，唯有愛最能帶來生命力。

愛的復返

在黑暗之中，誰會需要我們大量的愛呢？那個人往往是我們自己。也許，我們曾經讓自己失望；也許，以為自己的失去或置身的混亂都要怪自己；也許，覺得自己的可怕傷痛不值得獲得療癒，更不用談什麼暗夜綻放了。為什麼會這樣呢？如果我們專注去愛自己，也許會覺得愛自己很自私，也許會覺得自己多少讓那樣的失去顯得不光彩。或許，我們從來沒有真正喜歡過自己，還懷著扭曲的想法，覺得自身經歷的苦痛是自己活該，或者起碼是普通的。

如果很難去愛自己，務必讓自己的愛回到家。我曾經鼓勵你用愛與和善的態度對待他人，現在，請用愛與和善的態度對待自己。你的綻放端賴於此。植物也許不需要愛就能綻放，可是人類做不到。愛不只是強大的肥料，更是不可或缺的養分。學習去愛自己，或許才是你在黑暗之中，所發生的最重要的事情。

那麼，該怎麼愛自己呢？一開始要決心成為自己人生中最大的盟友與擁護者，下定決心再也不願去憎恨、批評、評斷自己。從此以後劃清底線，無論如何都會去愛自己、接受自己、選擇自己。就算別人做不到，自己也會去做，永遠都是如此，就這樣。

承認困境，也是一種心懷感激

另外，我們可以也應該在黑暗之中，充分使用的第二種高效肥料「感激」。近日「感激」一詞容易流於花言巧語又有點流行文化的感覺，為此，要花點時間解釋我何以認為感激對成長與轉變，十分重要。

首先，我並不是要大家對於讓自己身處黑暗的那些傷痛情況心懷感激。如：失去孩子，失去很愛的人，被強暴，被侵犯，被劈腿，經診斷患有重大疾病，受到其他創傷，這些都不是我們該感謝的狀況；我們的目標，也不是要讓自己達到可以感謝前述創傷的那種境界。更重要的，我也不是要大家在實際上毫無感激之意的時候，假裝心懷感激。感激，唯有發自真心才有用，被迫感激、假裝感激都沒用。

我希望各位能做到的，是當身處黑暗時，選擇「主動」去找出並承認人生中有哪些事情很順利，或以前很順利。**所謂的心懷感激，並不是要否認自己經歷過的困境，而是選擇承認困境的存在並選擇專注於自己感謝的事和人，就算只是一陣子也好**。例如，我對於婚姻以離婚收場就毫無感謝之意，我感謝的是家人、朋友、同事、專業治療師在那段時間給我的支持；我感謝的是我內在發生的轉變，我感激那些轉變激勵我成為作家與舞者，最後還感謝自己離開了那個不快樂或不被愛的處境，現在人生有第二次機會去經歷這些事情。

要知道，無論處境有多悲慘，我們都能找到東西去感謝。佛陀曾說：「我們起身感謝吧！就算今天學到的東西不多，起碼也是學了一些；就算沒學到一些，起碼也沒有生病；就算生病了，起碼沒有死；由此可見，是該感謝。」換句話說，只要你還在呼吸，就表示還有東西可感謝。如果今天你對於自己還在呼吸的事（因為呼吸就表示還在應對傷痛的處境）不覺得該感謝，我也明白。但我希望明天或下週，或你在此跟我們一起呼吸的一週後，是你能感謝的。我很感謝你還在這裡，我知道自己不是唯一的一個人。

感激的事物也許很簡單，例如：感謝早上沖澡有熱水、食品儲藏櫃有食物、汽車有汽油。也或許是過馬路時陌生人露出微笑，是在超市排隊時有男人讓你排在他的前面，因為他看得出來你在趕時間。人生處處是值得感謝的事物，只要心裡準備好去看就看得到。

事實上，這種感激做法的背後有許多科學證據支持。心懷感激的人比較快樂、比較樂觀、跟人的關係更融洽、睡得更好、免疫系統更強、更快從壓力中康復[42]。失去甚至會讓人變得更懂得感激。有項研究以童年喪親的三百五十位成人為研究對象，七成九的人表示，喪親後變得更懂得感激[43]。人生在他們眼裡變得更寶貴，摯愛也變得更寶貴。

感激之所以是強效肥料，其中一項原因就在於不用付出很多，就能體驗到感激的作用。根據研究結果，受試者只要把自己感激的三件事寫下來，一週寫三次，持續兩週，就足以增加幸福感、減少痛苦、提高睡眠品質、降低血壓[44]。還有其他的研究結果顯示，一週一次列出感激清單，持續十週，或者每天列一次，持續兩週，就可帶來正面的心情、改善生理健康、抱持更樂觀的態度、提升睡眠品質[45]。

除了每天寫下三件感激的事情之外，寫「感激信」是更強大的感謝方式。在練習的時候，要思考什麼對自己的人生造成正面影響，並寫一封信感謝對方。可以思考曾經，對方態度和善並帶來正面影響力，但自己卻還沒好好謝謝對方。寫完信後，最好是親手把信交給對方，並在對方面前念出信件內容。許多受試者都表示，寫完之後都覺得自己的幸福感立即增加，還延續了一個月之久[46]。

有位年輕女性兩個月前，因父親自殺而喪父，她參加我的療癒寫作坊，其內容如下：

「有些日子，我工作一整天後毫無力氣，就連二十分鐘的寫作也令人怯步。在那些日子，我至少會寫感激清單。有一天，我思考自己對過去幾週哪些開心時刻很感激並列舉出來。在紙頁上看見自己置身不幸處境時仍有開心的時刻，真的大有助益。因為有些日子就是會覺得自己再也開心不起來，但我知道實際上並非如此。在那些日子，我可以把自己感激的事物寫下來，並且謹記人生並非盡是不幸與哀傷。」

用「愛」和「感激」重新拿回人生主導權

當我們使用愛與感激的肥料後，心中所關注或在意的焦點，就會隨之轉變。正如前面幾章多次提及，我們注意的地方會左右我們的心情、念頭、行為，最後還會影響人生的方向。由此可見，愛與感激不只是心理狀態，也是行為。也就是說，愛與感激是實際可行之事。這算是好消息，因為身處黑暗，彷彿徘徊在中陰之地：等待處境改變、等待某個人改變、等待哀傷消退。而懷著感激與愛，就得以在處境下採取正面行動，進而產生改變，如此一來，自己對人生的掌控與主導權也會隨之增強。此外，也得以創造正面的情緒狀態。

有意義的行動、主導感、正面的情緒狀態，這些都是成長與綻放所需的重要心理資源。感激與愛有著協同作用，意思是兩者會相互影響。越是心懷感激，越有動力去愛。越是去愛，越覺得非得心懷感激，越容易表達感激。

感恩之心的療癒書寫

在下文的書寫練習中，各位有機會練習運用「愛」與「感激」這兩種強效的肥料。

你會探究自己是如何做出日常的選擇，好成為愛的導管，還要找出當你去愛的時候，可能會碰到的一部分障礙並加以克服。你也會描寫「愛的復返」在你的人生中是何種模樣，成為自己的最大盟友又是何種模樣。你也有機會製作感激清單並撰寫感激信，藉此表達感謝之心。最後，則會有創意的感激活動，你也許可以考慮在後續幾個月或一年期間進行。我很喜歡這個活動，相信各位應該也會樂在其中。

◆檢查一下你的「愛」

利用下列問題對自己進行愛的檢查。此處的用意並不是要促進自我批判，而是要坦承看待自己用了多少愛的肥料，用量不夠的話，可能會有哪些阻礙。

- 當你身處於黑暗之中，最有可能讓你去愛的東西，是什麼？
- 你覺得自己此時此刻付出多少的愛？你的行為表現出多少的愛？
- 如果有阻礙的話，是什麼阻礙了你去愛？

- 如果你決定拓展自己去愛更多，你覺得你的處境會有什麼樣的改變？
- 你通常是喜歡得到某樣東西？還是喜歡變成某種樣子？兩者有什麼差別？

◆付出愛之後的可能轉變

去愛某個人，自己也有所轉變，你的人生有沒有過這樣的經驗？還是說，你曾經目睹這種情況發生在別人的人生？你經歷了什麼？學到了什麼？

身處於黑暗的這段時間，你想以哪些方式被愛轉變？你如何把愛當成綻放過程中使用的肥料？

◆成為有生命力的愛的導管

花幾分鐘的時間回答下列問題：

- 身為有生命力的導管，有何作用？也就是說，經常流經你的是什麼（例如：愛、喜悅、和善、怨恨、苦澀、憤怒等）？這對你產生什麼影響？

- 對於「成為有生命的愛的導管」，你有何想法？
- 為什麼你會認為暗夜綻放的祕密養分是愛？
- 假如你會成為有生命力的愛的導管，那會是何種模樣？愛的導管是如何透過你自己的愛，把愛別人（及愛自己）而產生的壓力與限制給去除呢？

◆ 愛的復返

你是不是很難愛自己？你是不是陷入了自我批判或自我批評？如果你付出的愛再次回到你身上，那會是何種模樣？如果你是自己最好的朋友與最大的盟友，你的人生中會有哪些方面變得不一樣？你會有什麼感覺？你會表現出什麼行為？你會如何跟自己對話？

如果你已準備就緒，請擬定愛的復返計畫。思考自己從此以後，會做哪些具體努力，來全心全意愛自己，並清楚地寫下來。你會做什麼事？你不會再做什麼事？你要怎麼劃清底線並努力徹底永遠愛自己？你在準備好付出努力前，需不需要做什麼其他準備？會是什麼呢？何時會去做？

◆我的感激清單

在一張白紙上面寫下標題：「我感激的事情」。接著深呼吸，用五分鐘寫出你在人生中，對什麼心懷感激，是什麼讓你快樂，獲得什麼樣的贈禮與福氣。這些事情可大可小，可以是日常的愉悅、美好的時刻、他人的和善、大自然、你人生中的人、機會、經驗等，但請盡可能具體書寫。

寫完清單後，從頭到尾讀一遍，每件事都細細品味。同時，留意自己在情緒上和生理上有何感受。建議把清單貼在自己經常看得到的地方。務必留一些空白處，這樣就能繼續加上內容。

經常做這項練習，例如一週幾次或一週一次，並持續多週，如此一來，獲得的好處會是最大的。也可以每晚睡前寫下自己感激的一件事，持續幾週。

◆感謝信

你獲邀撰寫私人感謝信，對象是你選擇的人。暫停一下，想想某個人為你做了件好事，或是用某種方式幫助你，或幫了你一個大忙。也許對方是你很親近的人，也許是你只見過一次的人，也許是你從沒見過的人，但對方為你的人生帶來重大影響。寫信的對象是不在世的人也可以。

另外，想想對方的和善對你產生的正面影響，想想你獲得對方幫助後立刻出現的感受。重新經歷那些時光，就會知道信裡該寫什麼內容。信件內容越詳細具體越好。

寫完信以後，也許會考慮把感謝信大聲念給對方聽或寄給對方。如果對方跟你同處一室，請大聲念出來，但也可以把信塞到你自己的檔案收藏，也沒關係。

◆經常用愛與感激施肥

「愛」與「感激」是綻放肥料，可以也應該充分經常使用。不可能有過量使用的事！待在黑暗的時間要經常使用愛與感激，該怎麼提醒自己？

◆心動時刻罐

「唯有心才看得清事物的本質，真正重要的事物是眼睛看不見的。」

——《小王子》作者安東尼．聖修伯里（Antoline de Saint-Exupery）

以下的寫作活動是同事羅莉．弗瑟斯—雀澤（Lolly Forsythe-Chisolm）的貢獻，她是馬里蘭大學巴爾的摩分校的身心專家。這個活動的用意是花數月至一年的時間練習，陶冶出心懷感激的人生。

用拼貼畫、塗鴉或畫作（或三種一起使用）表現過去幾個月或過去一年的「心動時刻」，並蒐集起來裝飾玻璃罐。裝飾玻璃罐有利於創造正面意念，並帶來靈感。在一年期間，把讓你感動或微笑的好事寫在小紙片上，然後把紙片放進玻璃罐裡。這種方式可紀念每週發生的好事，每週至少要把一個心動時刻放進玻璃罐裡。

材料

- 玻璃罐、咖啡罐、麥片罐、鞋盒、禮物盒、漂亮的容器、花盆、美術社賣的可自行彩繪的容器，擇一使用。
- 裝飾品，可混搭，例如：雜誌、膠彩、鋼筆/馬克筆、貼紙、亮片、包裝紙、棉紙、緞帶。

裝飾完玻璃罐（如果覺得裝飾玻璃罐不有趣，也可以直接買個玻璃罐），在玻璃罐的側面或底部寫下一個或多個有意義的字眼，例如：該年的「注意關鍵字」（或你的綻放關鍵字！）或喜愛的名句。這些字眼是用來提醒你在人生中的這段時間想把注意力放在哪裡。每週至少選出一個心動時刻，寫在色紙上，放進玻璃罐裡。

心動時刻的例子……

- 某件成就
- 你喜愛的某起事件
- 你目睹過的和善態度
- 你喜愛為朋友、家人、同事表現出的和善態度
- 發生在你身上的一件好事
- 你覺得溫馨的某件事
- 你感激的某件事
- 你的綻放證據

◆閱讀並重新思考這一年來的書寫

數個月或一年結束後，閱讀自己寫下的每一件事，放進玻璃罐中。同時，也把自己辛苦獲得的見解寫出來，例如：你喜愛什麼？你想把時間花在哪裡？在你的人生中，誰很重要？什麼會讓你開心？什麼會讓你有充實感？什麼會讓你心懷感激？

◆寫完之後，你覺得……

1. 完成本章的書寫題目後，你的心裡浮現了什麼？你是否有經歷過任何「頓悟時刻」？如果有的話，是什麼樣的頓悟時刻？
2. 本週有什麼成長嗎？就算是只成長一點點也算。你有沒有做出任何改變？有哪些地方是你引以為榮的？
3. 你在人生中，要如何持續應用這個綻放原則呢？

持續綻放的訣竅

很容易吧！描寫感激與愛就能有效促進綻放過程，但雖說如此，還是必須跨出寫作範疇，去實踐這兩種美德。請你讓自己的文字成為催化劑，在如常度過一天時，更會去表達愛與感激，讓大家知道你是很懂得去愛的人或由衷感激的人，或兩者皆是，把這當成是目標或競賽！

此外，你可能也會在過程中發現，黑暗裡有其他肥料可以使用，愛與感激只是高效的肥料，但不是只有這兩種能使用。在你那「有生命力的導管」，有沒有其他「物質」對你或別人有好處？我想到的是「原諒」。你還有想到別的嗎？置身黑暗，該怎麼一起使用這些肥料呢？

42 Emmons, R. Thanks!: How Practicing Gratitude Can Make You Happier. Mariner Books, New York, 2008.

43 Greene, Nathan, and Katie McGovern. 2017. "Gratitude, psychological well-being, and perceptions of posttraumatic growth in adults who lost a parent in childhood." Death Studies 41(7):436–46. doi:10.1080/07481187.2017.1296505.

44 Jackowska, M., J. Brown, A. Ronaldson, and A. Steptoe. 2016. "The impact of a brief gratitude intervention on subjective well-being, biology and sleep." Journal of Health Psychology 21(10):2207–17.

45 Emmons, R.A., and M.E. McCullough. 2003. "Counting blessings versus burdens: An experimental investigation of gratitude and subjective well-being in daily life." Journal of Personality and Social Psychology 84(2):377–89.

46 Seligman, M. E. P., Steen, T. A., Park, N., & Peterson, C. (2005). "Positive Psychology Progress: Empirical Validation of Interventions." American Psychologist, 60(5), 410–421.

| 第九章 |

賦予傷痛意義

在混亂中挖出珍寶，
利用低潮期尋找新的優勢

每一場的逆境、每一回的失敗、每一次的心痛，
都帶有更大的好處或等價好處的種子。
——拿破崙・希爾（Napoleon Hill）

前陣子，有朋友第一次邀我去她家。我很佩服，她家非常乾淨，更何況那個週末她還要照顧兩歲的姪女。我們坐在餐桌旁喝茶聊天。從那個絕佳的位置，我的視線穿透了烤箱正面的玻璃片，烤箱裡頭擺著一疊披薩盒。她發現我在看，難為情地承認，她在我抵達前沒時間把垃圾拿出去，只好把空盒子塞到烤箱裡，希望我不會發現。我向她保證，披薩盒放在烤箱裡、流理台上或其他地方，我都不在乎。人生本來就是一團亂，而且是還沒照顧幼兒前就一團亂了！

之後，每想到那些披薩盒，還有我發現披薩盒後朋友害羞的紅臉，我就會思

考我們是怎麼處理這一團亂的人生。我們往往會把一團亂的狀況當成是壞事，因為是壞事所以必須加以清理、隱藏、設法遺忘或假裝從未發生。也許會把混亂的臥室的門給關起來，把雜物全都塞進抽屜裡，把不曉得該怎麼處理的東西全都推到車庫或閣樓。而當我們邀請他人來家作客時，會把客人帶到最整潔的空間，確保客人遠離雜物藏起來的地方。若混亂的狀況超乎掌控，我們就會編理由或在其他地方見面，不要在家中聚會。

這種策略，適用於實體的混亂（至少可以撐一陣子），但對於情緒或關係方面的混亂，並不是很好的策略。無論我們以為自己有多善於隱藏混亂、多善於假裝混亂未曾發生，情緒或感情上的混亂往往還是會緊跟不放，直到到我們解決為止。本章闡述第九項暗夜綻放原則「賦予傷痛意義」，就是用來處理情緒上的混亂。我和個案會用「賦予傷痛意義」來描述以下的過程：回頭去看自己人生中發生的事情，釐清自己為何及如何促成混亂的狀況，並從中發現自己。而有了這寶貴的知識，就能做出暗夜綻放所需的改變。

珍寶，就藏在混亂中

思考自己人生的混亂狀況，並不容易；思考自己是怎麼促成這混亂的狀況，就更不容易了。想到自己所處的混亂狀況，各種情緒油然而生，例如：怪罪、自責、自我厭惡、羞愧、罪惡感、憤怒、怨恨、恐懼等。

有些人之所以不去思考自身的混亂，是因為畢竟思考了，就表示自己不得不清理，而清理作業彷彿是不可能的任務。其實，我不是要大家非得去「清理」自身所有的混亂，也不是要大家應當試著去清理。有時，清理作業是可行的，例如：犯錯就道歉，努力修復關係。不過，人生有些時候、有些處境是清理不了的，試著去清理這類的混亂反而會帶給自身更多傷害。例如：朋友反覆傷害你或不想參與你的人生，而卻一直試著修復友誼；試著說服老闆把你的解僱給撤回，或說服銀行把你的破產給撤銷；一輩子都希望某個人待在你身邊。實際上，有更多的失去與混亂消除不了，更是清理不了的。

然而，在賦予傷痛意義，亦即在混亂中挖出珍寶，則是一種截然不同的做法。鮮少有人會想到自身的混亂之中藏著珍寶。珍貴的珠寶藏在人生史裡頭那些黑暗、骯髒、潮濕、令人掃興的地方，等待我們去發現。也就是說，不是去避開混亂，只要帶著好奇心與期望去接近混亂即可，到時蒐集到的財富絕對會是無與倫比的。這種無與倫比的珍寶，是在人生情況順遂、陽光之下所找不到的。要相信，你專屬的珍寶就藏在你的混亂當中，它們會推著你邁向更好的將來、更好的自己。

找出混亂中的意義，而非檢討混亂本身

「在混亂中挖出珍寶」的目的，是讓人從自身的傷痛經驗中、從自身犯下的錯誤中有所學習。經歷了這段過程之後，將來就能採用不同的做法。有許多人以為自己在混亂中挖出了珍寶，卻未體驗到正向改變，反而上自己更加狼狽不堪，為什麼呢？這些人的行為有別於我提出的暗夜挖寶，為此，我想在此加以區分，清楚說明。

體驗到失去與傷痛後，就會去思考自己身上發生的事情，這很平常。實際上，會有一段時間很難思考其他的事情。說來可惜，如果只是思考自身的混亂狀況，有可能落到無益的反芻思考，造成「怪自己、怪別人」的狀態，使我們感到憂鬱不安，陷入舊有的思考模式。「思考」自身的混亂和在自身的混亂中「挖出」珍寶，這兩者的差別在於「創造意義」。當我們在自身的混亂中找到意義，就是挖出了教訓，有了這個教訓之後，可藉此改變思考路線。反之，當我們只思考混亂本身的狀況，就會一直陷入過去的做法。

根據大量的失去與傷慟研究顯示，有些事情可幫助人們療癒自身的失去。研究員發現時間無法療癒所有傷口，療癒所有傷口的其實是「意義」[47]。從自身的傷痛經驗中、從自己在傷痛經驗裡扮演的潛在角色中，創造出意義來、想出個道理來，正可帶來療癒與轉變。換句話說，思考混亂的狀況，再加上尋找意義和該學的教訓，就等於是在混亂中挖出珍寶。

思考自身的混亂狀況
＋
尋找意義並學到教訓
＝在混亂中挖出珍寶

書寫是暗夜綻放的絕佳方法，其中一個原因就是書寫能有效從混亂中挖出珍寶。寫作時，不只可以對自身的傷痛反芻思考，更可以進一步找出當中的訊息與教訓，使之在不同的途徑上往前邁進。我們曾經忽視自己的、他人的、人生的現實模樣，但只要願意真正去看到自身經歷的傷痛，就能睜開眼看清真貌，藉以獲得改變的機會。由此可見，在混亂中挖出珍寶是一種比「時間」更好的彌補傷痛的方式。

你想重新發球嗎？

謙虛才得以看清自己的真實模樣，若是不喜歡自己發現的模樣，就要鼓起勇氣做出改變。那麼找到「珍寶」後，下一步該怎麼做呢？可以做的其中一件事就是「重新發球」（Mulligan），在此說明一下。

在我看來，「重新發球」是高爾夫球最棒的一點，從這就看得出來。所謂的重新發球，就是可以再發一次球，不會扣分。在某種程度上，剛才發的第一球飛進樹林裡或掉入池子裡，可以當作沒發生過。重新發球是第二次的機會，雖然嚴格遵守規則的高爾夫球員通常不允許重新發球，但是把打球當作消遣的人們，對於比賽的重新發球次數與時機通常多少會寬容看待。

如果人生可以重新發球，那不是很棒嗎？如果有第二次機會，且第一次失敗的嘗試也不會不利自己，那又會如何呢？我肯定會在婚姻裡使用幾次重新發球的機會。親愛的，對不起，講的話很不客氣，做的事很自私，我要重新發球，我們就假裝那件事沒發生，好嗎？但願有那麼簡單就好了。可惜傷害已經造成，就算獲得原諒，受到的傷害也忘不了。更多的時候，第一球發得很差，受到的損傷不易修復。

話雖如此，或許我們不會從配偶或雇主或朋友那裡，拿到重新發球的機會，或許也不善於給出重新發球的機會，無論是那機會是要給自己還是給別人。然而，黑暗給了我們重新發球、再次開始的機會。

如果沒從第一球學到的東西，那麼重新發球與第二次機會，也就沒那麼有用了。換言之，如果不花點時間思考自己做了什麼才導致第一次的發球偏了，那麼重新發球很有可能還是一樣偏，落入同樣的下場。**唯有先從錯誤中學習，重新發球才會有用**。所以在混亂中挖出珍寶十分重要，這樣就能從錯誤中學習，做好重新發球的準備。

傷痛是一種邀請

傷痛的存在，實際上是邀請你在混亂中挖出珍寶並重新發球。傷痛給了我們從頭開始的機會。有傷痛就表示有什麼無法發揮作用，同時傷痛也是一種信號，表示有什麼需要改變，不然傷痛會持續下去。或許，無法在同樣的工作或關係或理財決策從頭開始，但只要留意傷痛試著傳達的訊息，就能從中學到寶貴的資訊，如此一來，下一個工作、下一段關係、下一項理財決策就能從頭開始。

幾年前，我跟某個男性喝咖啡，他的妻子幾個月前離開了他。我問他，他下次會在哪方面改變做法。我想得知他有沒有從自身的混亂中挖到寶。他竟然立刻有了答案，我很佩服。婚姻出了什麼問題，他顯然已經認真思考過了，也知道婚姻失敗自己也有錯。妻子決定離開，他心碎了，也決心不要再犯同樣的錯。他期待有朝一日在婚姻上得到重新發球的機會，跟別人擁有全新的開始，而他從第一次婚姻犯下的錯誤當中學到的事情，也有益於對方。

這位男性有自覺地選擇當個更好的自己，這樣才能當個更好的丈夫。他的錯誤、他曾經的妻子，讓他付出慘重的代價。但他沒有在苦澀中自毀，而是選擇起身，對自己坦誠，努力朝新的方向邁進。傷痛教導他而他聽了進去，對於第二次機會也懷抱著希望。

前陣子，我聽到他的好消息，覺得很開心，他與一位美麗又活潑的女人結婚，把她當成皇后一樣珍惜對待。她是他重新發球的機會，而既然他已保證會好好從頭開始，我敢說他們以後肯定會度過許多美好又充滿愛的時光。

混亂、傷痛、失敗，更值得慶祝！

我們不僅要在自身的混亂中挖出珍寶，也要慶祝自身的混亂。在電腦動畫電影《未來小子》（Meet the Robinsons）中，十二歲的孤兒小路把所有的時間都花在發明東西上，可惜他發明的其中一樣東西引發某種災難或大混亂，把可能領養他的家長全都給嚇跑了。

有些人可能還沒看過這部電影，我不會暴雷毀掉觀影樂趣，但有個場景對我特別有意義。在那個場景中，小路坐在餐桌前，同桌的是發明家家族。小路最新的發明就跟他以前所有的發明一樣，都以失敗收場，於是他以為自己會跟以前一樣經歷同樣的情況，以為會被否定、被羞辱。然而，那家人開始歡呼慶祝：「你失敗了！你失敗了！」他們開心呼喊，給他很多的關愛與接納。為什麼他們會對他的失敗那麼興高采烈？因為他們都很清楚，失敗是成功之母。正如我的教練常說，學走路一定會跌倒，學習過著幸福又成功的人生也一定會經歷失敗。

所以，就去慶祝自己的失敗和混亂吧！那是綻放過程一定會經歷的環節。

賦予傷痛意義的療癒書寫

若循序使用本書，在綻放過程中來到此處，就會從自身傷痛的人生經驗當中挖掘出許多的教訓。在下文的書寫練習中，各位有機會思考自己所學。你會處理自身的混亂，找出當中的意義，而不是反芻思考著那些混亂本身，不會陷入自我責備或自憐自艾。在此請你把吸取到的教訓，同時也是你的珍寶寫在紙上，釋放你的心靈，以便好好往前邁進。

記住，務必把書寫當成是尋找意義的一種方法。有一項研究顯示，相較於從書寫中獲得意義的人們，書寫時只重新經歷難受事件、沒專心尋找和創造意義的人們，其在健康狀況方面比較不佳[48]。此外，也要請各思考，究竟想在人生中獲得哪些重新發球的機會，請寫出來並詳細描繪屆時的情景。最後，各位也有機會慶祝自身的混亂與失敗，那是成功、幸福感、綻放的要件。

◆從混亂中找到意義

奧地利精神科醫師維克多・弗蘭克（Viktor Frankl）思考自己在納粹集中營的經驗，如此寫道：「人不會被苦痛給毀掉，人是被毫無意義的苦痛給毀掉。」

基於你迄今在暗夜綻放過程所做的反思與寫作，你現在對於自己身上發生的情況，有多懂得想出個道理來嗎？對於自身的苦痛，你賦予了什麼樣的意義？當你透過意義的鏡頭看待自身處境時，出現了什麼樣的情緒？

◆我在黑暗中學到的十件事

據說最凶狠的仇人有可能是最厲害的導師。想想自己在人生中這段辛苦的時間學到哪些事情，請列出至少十件事情，可以是你從自己、他人、關係、你的優先事項、你的優缺點、靈性、人生方面學到的事情。

請詳細說明自己是怎麼學到這十件事，同時，留意自己在列舉事情時出現哪些感覺，並且花點時間描寫這些情緒。

◆如何使用這些珍寶於暗夜中綻放？

一旦在自身的混亂中找到了該學到的意義與教訓，務必要依循這些訊息付諸行動。

你學到以後，在人生中做出哪些改變？基於所學，你還需要或還想要做出哪些改變？有哪些地方是你引以為榮的？往前邁進的時候，你想在哪一件事上改變做法？這項改變會對你的人生產生什麼影響？

◆人生的重新發球

談到「人生的重新發球」機會，你有什麼看法？你心目中的重新發球，會是什麼樣子？為了擁有重新發球的機會，還需要怎麼做？重新發球後，你的人生會有什麼不同？

寫完日誌後請閉上雙眼，想像自己處於這種嶄新的狀態。把自己視為全新的創造，用身體去感受你在展現全新的自己時，會是何等模樣。像這樣想像出栩栩如生的畫面，就能為身心靈提供方向指引，朝自己渴望的方向邁進。越是常進行想像練習，這類指引就會變得越強烈，且更容易推動人生朝向新的方向邁進。

◆我失敗了！那就慶祝那團混亂吧！

獲得成功以前一定會經歷失敗，你對這個想法有何看法？你覺得失敗和混亂，以及綻放過程之間有什麼關係？你有沒有慶祝過自身的混亂和失敗？如果沒有，為什麼不慶祝？如果有，是怎麼慶祝的？

花幾分鐘的時間，把恭喜自己的文字給寫下來；不僅要恭喜自己弄出混亂的情況，也要恭喜自己願意仔細查看那團混亂並從中學習。在此，你要成為最棒的啦啦隊長，為自己加油。如果很難做到這點，請想想發明燈泡的愛迪生，他成功製作出燈泡前，失敗的次數沒有數千次也有數百次。假如他不從自身的混亂裡挖出珍寶、從中學習、慶祝自身的失敗、繼續往前邁進，試想那會有多令人灰心喪志，使後世錯失多少東西。記住這點以後，把自己想成是成功在望，每一次的失敗都代表著你往成功的結果更邁進一步了。給自己一些鼓勵和慶祝，給內心的火添些柴，好讓它繼續綻放下去。

◆寫完之後，你覺得……

1. 完成本章的書寫題目後，你的心裡浮現了什麼？有沒有什麼事讓你覺得訝異？又有沒有什麼事讓你感到開心？
2. 本週有什麼成長嗎？就算是只成長一點點也算。你有沒有做出任何改變？有哪些地方是你引以為榮的？

3. 你在人生中，要如何持續應用這個綻放原則呢？

持續綻放的訣竅

關於這項原則，還有一個要點，就是一旦從混亂中挖到寶，找到傷痛賦予你的意義之後，就要停止挖掘。挖寶的地方有限，挖出的珍寶也有限。挖寶的地方十分危險，在那地方留到自己的需求滿足了就好，不要等到挖出最後一件珍寶再離開。而你現在這混亂中，就該把工作做好，努力地挖，但既然挖到了珍寶就該離開，那裡不是你的家。

最後，希望各位能像小路那樣找到自己，而周遭的人能像小路身邊的人們為小路所做的那樣，看出你的良善與潛力，懷著很多的關愛、喜悅、接納，並且高呼：「你失敗了！」我會加入他們的行列，高呼：「你失敗了！做得很好，我超想看見你以後會成為怎樣的人，做出什麼樣的事！」

暗夜綻放者：賈伯斯

大家一想到賈伯斯，就會想到Apple，還有那些出色的想法與發明是如何改變了人們互動交流，以及使用科技的方式。大家不會想到他大學讀一學期就輟學、不會想到他跟人共同創辦的公司把他給開除了，也不會想到他在業界經歷的失敗。大家想到的是他的願景、創意、熱忱，還有他公司製作的優異產品，現在有很多人每天都在使用。

有人問起他那傑出的成就，他歸功於自己過去的失敗。賈伯斯就跟所有的暗夜綻放者一樣，勇敢利用自身的失敗與失去，打造出更好的自己。假如沒有那些失敗與失去，根本打造不出更好的自己。

下文節錄賈伯斯二〇〇五年在史丹佛大學發表的畢業典禮致詞，他用自己的話描述自身的失敗、學到的教訓，還有堅持不放棄而達到的成果。

「那時我才剛滿三十歲，然後就被開除了。明明是自己創辦的公司，怎麼會被開除呢……我成年後的生活重心消失不見，好嚇人。有好幾個月的時間，我真的不曉得該做什麼。我覺得自己讓上一代的創業家都大失所望，接力棒都放到我手上了，我竟然弄掉了。我的失敗眾所皆知，更想過要逃離矽谷。不過，我漸漸開始明白一點：我還是很愛自己的工作。Apple 發生的事件轉折也絲毫沒有改變這點。我被否定過，但還是懷著愛，於是決定從頭開始。

我當時並不明白，但後來發現在我身上發生的事情當中，被 Apple 開除原來是最棒的一件事。放下沉重的成就，取而代之的是再度成為新手的輕盈感，對於一切也沒那麼有確定感。我獲得自由，進入人生裡最有創意的其中一個時期。

接下來五年，我創辦NeXT公司，還有Pixar公司，跟一位傑出的女性談戀愛，後來她成為了我的妻子。……經過精彩的事件轉折，Apple買下NeXT，我回到Apple，我們在NeXT開發的技術成了 Apple目前復興的核心。羅琳和我有了美滿的家庭。假如我沒被 Apple 開除，肯定不會有這些事情發生。良藥雖苦，卻是患者需要的。有時，人生會用磚塊砸你的腦袋。不要失去信念。」[49]

47 Holland and Neimeyer, 2010. "An examination of stage theory of grief."

48 Murray, B. 2002. "Writing to heal." American Psychological Association. http://www.apa.org/monitor/jun02/writing.aspx.

49 Jobs, Steve, 2005. Commencement speech, Stanford University. https://news.stanford.edu/news/2005/june15/jobs-061505.html.

| 第十章 |

學會放手

接受現狀，選擇讓自己自由

我放下以後，才掌握得更好。

——美國知名人生導師，克里斯．馬塔卡斯（Chris Matakas）

「你失去以後會得到什麼？」二〇一一年，家樂氏把Special K麥米片，以及一道發人深省的問題給連結在一起，讓女性得以用嶄新的視角看待「減重」這件事情。家樂氏不把減重看成是一種失去與剝奪的痛苦過程，改為暗示減重可以是正面又有動力的過程。在家樂氏的廣告中，女性站在體重計上，看到的並不是自己喜歡或不喜歡的數字，而是信心、開心、自尊等字眼。廣告是要呈現體重減輕後就會得到這些東西（當然了，這是在暗示吃了麥米片會有幫助）。

無論你對減重或Special K有何看法，我覺得這個問題問得很好。身為暗夜綻放者的我要向各位提出同樣的問題：「你失去以後會得到什麼？」

等你失去了恐懼感，也許會獲得信心。等你失去了自己在哀傷上的注意力，也許會獲得平靜。捨棄了依附感，也許會獲得自由。丟掉了顧忌，也許會勇敢起來。拋棄了死板與老套，也許會採用新的做法。不再否認，也許會轉而接受。放下了憤怒，也許會果斷行事。丟下了負面的觀點，也許會歡喜迎接。不再羞愧，也許會愛自己。捨下了過時的夢想，也許會得到新的可能性。

由此可見，**只要願意丟掉那些不再有利自己的事物**，**就很有可能會獲得更多更棒的東西**。以上就是第十項暗夜綻放原則「學會放手」的重點。上一章是要人在自身的混亂中挖出珍寶，也就是賦予傷痛意義，而現在，則該要接受自己的現實處境，把緊握的東西給放下，好往新的境界邁進。

從「接受」開始做起

好比減重，一開始要接受目前的體重，想要綻放的話，也必須先接受目前的人生處境。接受吧！你聽到「接受」二字會有什麼想法？應該會有以下幾種反應：要是接受了，可能會有不公平、做不到或甚至不想做的感覺。也許已經有人跟你說，你需要接受自己的處境，而每次有人這樣說，你就覺得對方不顧你的感受，也許還會生起氣來。

我有一陣子確實是這樣。我的婚姻完了，我卻不想接受，那牴觸了我的價值觀系統和內心的渴望。有些人會說，我沒有選擇。他們會說，如果對方不想跟你維持婚姻，你就毫無選擇，只能接受離婚。然而，這種說法並非實情。我確實有選擇，我還是有選擇的。我知道有些人離婚幾十年還是接受不了離婚的事實，怪不得他們大部分的時候都過得很不幸。

無論我是否接受自身的處境，我都是有「選擇」的，而你也是有選擇的。在綻放過程中，我們遲早都要做出這個重要的選擇。對於我來說，我是做出那個選擇後才終於開始體驗到心靈真正的平靜，但也花了很多時間和努力才到達那個境界，並做好行動的準備。你不一定今天就能做好準備，選擇接受。然而，與此同時，我們來探討你眼中的接受是什麼意思，以及，哪些事情能幫助你去接受。

「我接受」是祕密武器

「接受」除了是一種選擇外，還是什麼呢？「接受」就是任由事情以原貌展現，不去試著推開自己不喜歡的東西，也不去試著去緊抓自己喜歡的東西。**「接受」的意思，就是觀看自己人生的真實面貌，並如實接受，不去試著修正或改變**。接受某件事，就是放下錯覺，不再以為事情於今於後會有所不同。接受某件事，並不意味著我們對自己接受的事物表達贊同。接受某件事，只是意味著我們不再去對抗、否認眼前的現實。

接受是一種態度，是正視自己人生的混亂，而後說：「我接受。」我接受那個失去，我接受那份哀傷，我接受那段感情結束了，我接受那個我並不贊同的決定，我接受自己被開除了，我接受醫生的診斷結果，我接受房子被法拍，我接受那道門被關、被甩、被燒得精光，我接受這就是我所在之地、這就是我的模樣、這就是我此時此刻擁有的。

「接受」並不意味著我們不渴望改變、不追求改變。「接受」只是意味著唯有如實接受現況，才有可能做出改變。換句話說，**先有了接受，才會有改變；自身情況的改變通常是始於自身的改變**。

然而，接受的力量和矛盾就在於它往往會帶來寬慰與自由，而我們還以為唯有努力爭取的東西到手了，才能獲得寬慰與自由。接受並不會喪失掌控，反而會獲得更大的掌控感。只要懂得運用「我接受」這個強大的字眼，那麼打了多年的那場戰事便可告終。也許，你對當初做出的某個決定或失去的某段關係感到後悔不已，內心爭戰不休。也許，你內心的爭戰是因為不接受某種疾病、失能或人格特質。也許，你的爭戰是更外在的，例如：難相處的人、不公平的工作環境、超乎掌控的財務問題等。

無論你在哪方面遇到困難，隨之而來的情緒困擾都會耗盡你的能量，導致你的身體生病。然而「接受了」，就能把救命繩給放下來，就能讓緊繃、壓力、悲慘的情況緩解下來，然後選擇往另一個方向邁進。接受了，就能再度回到自己人生的駕駛座。

有時，我們對自己沒法擁有的某樣事物坦然接受，反而最終結果卻會是擁有了。有點像是有些女性努力試了很久卻還是沒能懷孕，不試了以後，突然就發現自己懷孕了。然而，我們不能倚賴這個接受的悖論。有時，人生會這樣走，但不是一直如此。人生不按照這種方式走，有時反而是好事，因為我們以為自己想要的事物原來對我們終究不是最好的。我們對自己沒辦法擁有的事物坦然接受了，無論最後有沒有得到那樣事物；只要坦然接受現實，就可獲得內在的自由與平靜。由此看來，接受的境界確實很值得我們付出努力去達成。

做到「放下」的三種具體作法

「接受了」之後，就有了餘裕進行下一步：放下。緊握的手要鬆開是很難的，我們讓「堅持」一詞有了各種涵義，以為「堅持」涵蓋以下的意思：沒有放棄、很堅強、實踐自己的價值觀系統、不忘記自己愛的人、表達自己很關心、紀念某段回憶。然而，要是那件事對自己再也沒有好處，而自己還是堅持下去，其實反而會傷害到自己。

我撰寫本章時正好是春天時節。有天晚上，我在住處附近散步，心裡很高興，那些芬芳的樹木綻放著五顏六色的蓓蕾與花朵。我可以感覺到周遭都是新生命散發的能量，只有街尾的一對樹木是例外，樹枝還是掛滿褐色的枯葉。其他樹木都在前一年的秋季放開了自己的葉子，但這兩棵樹堅持不放，彷彿無法接受季節已經改變；該放下的放不下，彷彿已經決定了，有枯葉好過沒葉子。現在是春天了，這兩棵樹沒有空間給新葉成長，一直困在過去，把自己的綻放時節給毀了。這兩棵樹沒讓我們看見新生命的模樣，反而讓我們看見了害怕接受、害怕放下時會發生什麼情況。至於放下的方法很多，在此提出當中的三種方法：

1. 原諒

第一種放下的方法就是原諒。原諒跟接受一樣，包含很多意思。那麼先來談談原諒「不是」什麼意思吧！原諒的意思，並不是你對發生過的事情表達贊同，不是要把發生過的事情給合理化、正當化，不是要你突然把自己身上發生過的事情給忘了，也不是要你跟傷害你的人和解，更不是要你再度信任對方。

那麼，原諒是什麼呢？原諒包含了接受與放下，原諒就是接受了過去的事情永遠改變不了，而對於某人欠我們的，我們選擇放下或一筆勾銷。原諒就是接受了某個人不會支付或無法支付他欠我們的，所以我們在他的帳單上面蓋了「全額支付」四字。原諒是慈悲與謙虛的舉動。馬克・吐溫（Mark Twain）說得很好：「原諒就是紫羅蘭被踩壞後在鞋跟上留下的香氣。」

然而，原諒不只是自我犧牲，不只是別人可以自由解脫，原諒，也是自我保護及自我提升。**原諒最重要的部分，就是我們自己會獲得解脫**。原諒可有效放下內在的負面情緒，例如：怨恨、憤怒、苦澀、怒氣、自憐自艾等。原諒也可以讓自己從傷痛的過去中解脫，負起責任去打造自己的現在及將來。

我們可以原諒別人，也可以原諒自己，而在綻放過程中，我們需要原諒別人、原諒自己很多次。我們甚至可以原諒神，原諒神在許多方面讓我們失望。通常我們原諒的對象不用知道我們原諒了他，除非他請求我們的原諒。如果對方沒有尋求我們的原諒，而我們跟對方說我們原諒了他，反而會造成更大的傷害，因為也許只有我們會認為對方傷害了我們，而在這種情況下，跟對方說我們原諒他們，反而有可能引發更大的衝突與傷痛。**原諒的執行，只與一個人有關，那個人就是你**。

2. 主動降服

第二種放下的方法叫做主動降服。想到降服也許會想到戰敗，就像軍隊知道自己贏不了就向敵軍降服。在這種情況下，降服聽來像是最後手段，是兩害相權取其輕，是僅次於被殲滅的選項。然而，主動降服不一定是最後的選擇，跟戰敗也絕對無關。

人基於本性，本來就會想掌控自己的人生。而降服是把（感受到的）掌控權給放下，所以做起來很難，就算邏輯上知道自己交出的事物超乎掌控，也還是很難。然而，決定降服，其實就是選擇不再掙扎，藉此獲得掌控。這很像是以下的接受悖論：放下了掌控，或者說，放下了掌控的錯覺，最後就會獲得更大的掌控感，尤以情緒幸福感為然。

之所以叫做「主動」降服，是因為當中沒有被動或容易的部分。要做到降服，需要付出努力。要做到降服，更需要意志力和堅韌的力量，必須很相信、很希望以後會有更美好的將來。

主動降服的方法各有不同。有些人降服的方法是寫日誌或寫信（但通常不會寄出去），概述自己交出的事物與降服的原因。有些人降服的方法則是祈禱，這種降服叫做主動的靈性降服，把掌控權交給神或至高力量。還有些人的降服方法是向信任的他者（例如：好友或諮商師）吐露心事。

3. 典禮與儀式

第三種放下的方式，就是投入象徵式的行動，例如：典禮或儀式，用來正式表明自己已決定放下了。這是達到收場結局的一種方式，在邁向全新渴望的將來時，更是一股動力。為了紀念自己的放下而投入的行動，是「很」個人的事情。對某個人有效的方法，對另一個人可能毫無意義可言。因此，在打造自己的放下典禮或儀式時，請思考什麼對你最有意義。而規劃儀式時要考量的其他因素如下：在哪裡舉行、誰會跟你一起參與（如果有的話）、何時舉行。

二〇一四年五月的最後一個星期一，我在大峽谷舉辦了放下典禮。後來才知道我恰好選擇的日子有多重要，那天是陣亡將士紀念日。我在日誌裡寫了那次的經驗，內容如下：

「我往下走，走到光明天使小徑（Bright Angel Trail）的近五公里處，隱蔽的休息區右側約九公尺出頭的地方，一堆疲倦的健行者慶幸著自己能在遮蔭下待個幾分鐘，此時我發現一塊巨大的岩石。我步行過去，巨大的岩石與陡峭的懸崖邊緣之間竟有一處寬度九十公分出頭的地面。我站在岩石前方的那片地面上，休息站的健行者完全看不到我。我放下背包，看見腳邊有一小株仙人掌開著三朵黃花。在大峽谷健行的這一路上，看到的花就只有那三朵，我覺得那是個好預兆。

我拉開背包側邊口袋的拉鍊，拿出婚禮相片。我做了個深呼吸，最後一次看那張相片。相片裡站著兩位相擁的陌生人，我不認得自己身邊站著的那個西裝男，好幾年沒見過那個男人了。我也不認得那個微笑的新娘，她也是過去的事了。我以為自己會掉淚，卻沒有，哭了十二個月，眼淚都哭乾了。

『神啊，謝謝你賜予這樁婚姻和我倆共度的時光，現在交還給你了。』說完這番話，就小心把相片從中間撕成兩半，把老公和我給撕開。我看著自己的微笑臉龐，說：『美女，你啊，自由了。』然後把那兩半的相片撕得更碎，把碎片緊握在一個拳頭裡，此時的我已經是跪著的了。我稍微張開手，凝視碎紙。我看見自己的婚姻，看見自己對孤獨的恐懼感，我以為自己不受喜愛、不被需要，不願認清婚姻不幸，努力挽回老公的心，還以為離婚就表示自己很失敗。剛開始踏上這段綻放過程時，並不曉得最後的結果會比挽救婚姻還要宏大許多也更加重要。

那時我覺得碎紙好沉重，像是一把尖銳的石子。『在大峽谷亂丟紙屑，就原諒我吧！』我懷著突然冒出的社會良知如此輕聲說著，然後在山崖邊緣打開雙手，放開那些沉重的碎紙。我凝視著大峽谷的邊緣，望著碎紙飄落，一直看到碎紙消失不見為止。

我振作起來的時候，聽到了像是勝利的呼喊回聲。我嚇了一跳，環視四周，設法找出源頭，是在我下方的某處，聽來像是山洞裡有好幾個人正在呼喊叫囂，像小孩一樣無拘無束，他們的喜悅在山洞裡迴盪著。那聲音又持續了幾秒，然後停了下來。我在大峽谷遊歷時，只有那次聽到了這樣的聲音，就好像我終於永遠放下婚姻，天使也跟著欣喜不已。」

當然了，你不用去大峽谷也能放下，而你的典禮帶有的情緒暗示，可能跟挖寶不一樣。你感受到的也許是悲痛，不是欣喜，也許是同時感受到多種情緒，而當中有些情緒可能出乎意料。記住，你打造的典禮以及你感受到的情緒，會是你和你的處境所獨有的。至於放下典禮的常見環節，通常是尊敬過去發生的事、承認那件事現在已經過去、自願放下那件事，然後騰出空間容納將來。

學會放手的療癒書寫

現在輪到你了，你要去探討失去的時候，亦即接受那些對自己再也沒有好處的事物，並且懂得放下的時後會獲得什麼，而下文的書寫題目可以幫助你做到這點。

你有機會去探討自己在人生中可能不願接受哪些事物。而你要是可以觀察自身的「混亂」並直接說「我接受」，就請描寫屆時會有的情況，這種方法在我的臨床實務上是很有效的練習，而我覺得這項練習對你來說也同樣很有用。此外，也鼓勵描寫你緊抓不放的事物，你喜不喜歡自己緊抓不放的原因，以及哪些方法應該可以幫助你放手。最後，你有機會使用前文討論過的三種放下的方式：原諒，主動降服，規劃及參與放下典禮或儀式。

◆關於接受，我想說

一開始，請先閱讀以下兩個句型並寫下內心浮現的想法：

1. 我能夠接受……
2. 我很難接受……

◆坦然面對混亂處境

面對人生中無法掌控的處境，有時最好的做法就是接受處境，不要再努力改變處境了。在內心裡，我們轉身面對人生的混亂處境，放下武器，點頭說：「我接受。」只要停了手，戰事就不得不結束。

請寫下，你不想再努力改變人生中什麼樣的混亂處境。若是看著那些混亂並直接說「我接受」，會是什麼情況呢？你對每個混亂處境，想要講什麼樣的停戰宣言？請試著寫出來。以及，當你接受混亂的處境，不再設法去否認、改變或解決之後，此時有何感受，請寫出來吧！

◆關於鬆手，我想說

花點時間回答下列問題：

- 你對什麼一直緊抓不放？為什麼？
- 你對什麼鬆手了？
- 你還想對什麼鬆手？
- 經歷綻放過程後，有什麼對你鬆手了？

◆撰寫自己的「Special K」訊息

家樂氏廣告描繪人們減重後會獲得的東西，在此也請如法泡製，請你回答以下問題來寫出你自己的「Special K」訊息：你失去以後會得到什麼？你在寫下的同時，心中浮現了哪些念頭與情緒？也請在你的書寫中探討那些念頭與情緒。

◆原諒別人

要做到放下，有一種強大的方法叫做原諒。你人生中有沒有對誰記仇？有沒有對誰感到怨恨、不喜歡、憎恨或甚至想傷害對方？對方也許現在還在你的人生中，也許是來自你的過去，也許是已經不在世。對方也許是神或至高力量。

不要去描寫不公本身，請利用這段時間，試著從加害者的角度思考，描寫對方做那件事可能是基於什麼因素。對方之所以做出傷害別人的行動，是因為對方的人生或童年有什麼樣的狀況？

接著，把原諒對方後應該會有的狀況描寫出來。原諒以後，對方（與你自己）就不會再希望過去有所改變，對方也不再欠你什麼。你要是準備好了，甚至還可以寫一篇「原諒宣言」。記住，寫原諒宣言並不表示發生過的事情沒關係，你只是選擇放下那些傷害你的負面情緒，是在維護自己的力量與自由，是在掌握你的現在與將來。另外，請記住一點，把你的原諒宣言寄給對方，可能不太好，不要這麼做。

◆ **原諒自己**

你有沒有需要原諒自己的哪個地方？如果有需要原諒的地方，試著以現在的自己寫一封原諒信給過去的自己。或許，可以在原諒信裡表達下列事項：

- 對於辛苦的處境表示諒解。
- 對於當時經歷的感覺與念頭展現同理心。
- 你對當時情況的認識致使你更有可能採取當時的行動（或防止你採取行動）。
- 你對自己當時的行動（或缺乏行動）表示接受。
- 目前的自己從過去的經驗當中，學到哪些寶貴教訓，包括你現在（或此後）面對類似處境會如何處理。

◆ **主動降服**

主動降服是另一種放下的方式。「主動降服」四字讓你想到了什麼？此時此刻主動降服，對你有什麼好處？主動降服的話，你要付出什麼？

接著，在一張紙的中間，由上到下畫一條線。在紙上的一側，列出你現在準備交出什麼東西，然後寫出你要怎麼著手交出這些東西。在紙上的另一側，列出你還沒準備交出的東西，並寫出你需要採取哪些步驟來做到主動降服。

我現在準備交出的東西	我還沒準備交出的東西

◆我的放下典禮或儀式

準備就緒後，就進行放下典禮或儀式的規劃，並付諸實行。放下典禮的常見環節是尊敬過去發生的事、承認那件事現在已經過去、自願放下那件事，然後騰出空間容納將來。

在規劃這類象徵式的行動時，請思考自己心目中最有意義的事物。規劃儀式時要考量的其他因素如下：在哪裡舉行、誰會跟你一起參與（如果有的話）、何時舉行、可能需要哪些東西。

最後，在典禮或儀式完成後，描寫你的經驗，包括你有的念頭與情緒。

◆ 寫完之後，你覺得……

1. 完成本章的書寫題目後，你的心中浮現了什麼？現在你覺得更沉重？還是更輕鬆？若有，覺得是什麼造成了這樣的改變？
2. 本週有什麼成長嗎？就算是只成長一點點也算。你有沒有做出任何改變？有哪些地方是你引以為榮的？
3. 你在人生中，要如何持續應用這個綻放原則呢？

持續綻放的訣竅

在你眼裡，學會放手下也許是一種過程，好比剝洋蔥皮，一次剝一層薄皮。若是如此，你也許是一次「稍微」接受某個處境，努力做到完全接受，然後努力做到放下。或者說，在你的眼裡，學會放手更像是僅此一次的決定，某天你就選擇接受整個處境，好比關上一道門，然後把鑰匙給丟掉。無論如何，在這段「接受並放下」學會放手的實踐過程中，並沒有對錯之分。所以，寫出你最適合採用的做法，以及這種做法是怎麼因處境而定，這樣就能更清楚自己在目前處境下，想怎麼往前邁進。

要努力達到學會放手的更高境界，除了採用前文提及的方法外，靜觀也是另一種絕佳的方法。正念靜觀，亦即不帶評斷地有意專注於當下此刻，有利培養覺察與接受方面的心理能力。不妨在坐下來寫作前，試著靜觀五分鐘或十分鐘；完成寫作練習後，再度靜觀幾分鐘。把靜觀練習期間浮現的想法寫在日誌上，應該可以帶來啟發。

暗夜綻放者：柯特

柯特離婚四年後，前來見我。四十二歲的柯特個性沉默寡言，對於婚姻失敗，對於兩個年幼兒子的將來受到影響，懷著莫大的愧疚感。一直以來，他都很難展現自身的脆弱，很難與別人建立親密的關係。他變得很像他爸，他跟兩個兒子的關係複製了家族的模式，並為此感到沮喪不已。他覺得當初自己要是能跟妻子敞開心扉，肯定就能挽救夫妻關係。過去四年，他為了監護事宜，跑了很多趟法院，但除了律師費用債台高築外，不太能證明得了什麼。上法院的情況激怒了前妻，而在傳達自身的希望與需求上，他也越來越沒信心。他一想到要寄電子郵件給她，就會嚴重焦慮個好幾天。

他一講起兩個兒子，就會說自己離開兒子的媽媽，肯定把兒子的人生給毀了，不由得熱淚盈眶。他看不出自己身為父親的價值，把自己比成是保齡球館裡頭兒童專用的防洗溝橡皮護欄。除了避免孩子掉入溝裡外，他不知道自己在每週短暫的會面時間還能做什麼。此外，工作也是其中一個壓力來源。他晚上總是芻思（rumination）、胡思亂想，擔憂著自己白天工作時說了什麼、做了什麼，壞了睡眠和心情。他在國外出生，覺得自己的口音很丟臉，儘管在職場上擔任管理職，也維護不了自己的權利。他不再運動了，飲食也不健康，結果體重增加了九公斤，對身材也很不滿意。

他過來找我的時候，已經跟另一個女人交往了三年。他覺得自己很愛她，但對於自己跟她、跟別人的將來卻又感到害怕。在他的心裡，愛與婚姻就意味著某個人必須犧牲自己、某個人必須認輸。他說他由衷渴望自己跟兩個兒子和女友建立真正的親密關係，並且破除他過去的模式和家族史的模式。只有他女友和我兩個人知道他受苦於憂鬱症，就連當時同住的母親和他姊姊，都不曉得他的狀況，而憂鬱症是另一個讓他感到羞愧的來源。

我和他探討了他想成為的樣子，處理了他因離婚而感到的哀傷，然後開始在混亂中挖出珍寶。柯特體悟到自己在離婚前老是在出差工作，很少待在家裡陪伴妻兒。離婚後，他自我反省，改變工作行程，騰出更多時間去看兒子。雖然他跟兒子沒有住在同一個屋簷下，但是他體會到自己現在跟兒子共度的美好時光，遠多於離婚前的狀況。一段時間以後，他開始跟兩個兒子說，他愛他們，而這是他以前從來沒有從自己父親口中聽到這種話。然後，他開始跟兒子更深入對話，在車裡的時候還會關掉廣播，以便更了解彼此。

在混亂中挖出珍寶後，他努力接受自己離婚的事實，也漸漸不再自我責備及指責，於是他多了些信心，開始以更親密、更果斷的方式跟女友交流來往。他開始每週二跟她聊聊兩人的關係，感情很順利，而兩人也會討論下週哪方面可以做得更好。有了這嶄新的意向性與開放性，兩人的關係開始變得很融洽。他看到她正面的反應，就知道自己可以提出需求並獲得尊重。前陣子，他買了間房子，她搬了進去。他現在知道婚姻可以是雙贏的處境，也不再恐懼婚姻了。

此外，他開始運動，飲食健康，甩開了離婚後增加的體重，身體形象和活力獲得大幅改善。過去幾個月，他跟女友和朋友度了幾次假，他以前老是擔心度假的事，現在他敞開心胸，跟生命中的人們展開實質又有意義的對話。他對自己的口音不覺得難為情了，他自願掌管公司的多元委員會，為那些比較不能發聲的人們說話。他晚上的時候，也不會再胡思亂想了，現在，會在部落格描寫自己的人生和從中學到的教訓。

他把近來的一篇部落格貼文寄給我，當中描寫了他苦於憂鬱症與焦慮症的狀況，此時的我很清楚，我倆已經來到暗夜綻放的最後階段。他之後還把貼文分享給家人朋友，其實就是首度揭露了自己和內心的掙扎。他說，他想要幫助那些置身黑暗的人，讓他們知道他們並不是孤獨一人，還是有人會伸出援手，還是會有希望。而就在今天，他把最新的一篇貼文寄給我，標題是「我從離婚中學到的幾個教訓或許能挽救你的婚姻！」柯特不只是剛好轉了一圈回到原位，而是在暗夜裡綻放。

第十一章

堅持等待

耐心澆水灌溉，是最重要的熟成過程

旅程是經驗的一部分，用以傳達人的意念的認真程度。信徒不會搭火車前往麥加朝聖。

——安東尼．波登（Anthony Bourdain）

十二項綻放原則已近尾聲，有些人可能會想知道自己的綻放是在何處。或許，你會覺得自己進度落後，覺得事情發生得不夠快。我明白，要充分綻放，最困難的環節就是「等待」。等待，會讓人覺得好像什麼也沒做；而如果什麼都沒做，怎麼可能達到目標？

然而，這種思考模式會讓使你陷入困境。在綻放過程中，對於等待期的應對方式（這與等待時採取的心態有密切關係）至關重要。在此，古代道教的「為無為」做法，可說是大有幫助。「為無為」的意思是：不作為即是有作為，不行動即是有行動。有些時候，不作為，或是專注於內在而非外在發生的情況，才是我們「做得到」的最有效的作法。

前言有提到，我是如何想到這本書的比喻。朋友傳了一張相片給我，她養的仙人掌在夜裡開了亮粉紅色的花。她說，她幫它澆水澆了好幾年，前一天晚上終於開花了。雖然實際的綻放只有一晚，但是為了這重大的一刻，植物花了好長一段時間才做好準備。各位的綻放過程，或許不會耗費多年（就算確實耗費多年，也沒關係！），但還是要花上一段時間，而且往往久得令人有些生厭。

然而，看看自然或農業，從栽下種子到收割成熟的作物，這當中的大部分時間都耗費在等待之上，所以第十一項暗夜綻放原則才會是「耐心等待」。本章會幫助各位培養耐心與毅力，好讓你不放棄，一直堅持到做好綻放的準備為止。此外，也會探討等待的意義與回報，以及不屈不撓所需的勇氣與心態是什麼。

棉花糖實驗

我向來是想要兩顆棉花糖的人，這是我的本性。可是說到傷痛與苦痛，那麼多半時候，我有一顆棉花糖就滿足了。等一下，為什麼突然提到棉花糖，在此解釋一下。

一九七〇年代，史丹佛大學心理學者沃爾特・米歇爾（Walter Mischel）博士和艾比・艾伯森（Ebbe Ebbesen）博士著手研究某些孩子何以能放下立即的滿足感，待之後再獲得更大的獎勵。為了釐清這點，兩人設計出一項研究，稱為「史丹佛棉花糖實驗」（家長肯定會跟人炫耀說他們家的小孩獲邀去史丹佛吃棉花糖！）。

該項研究是以三歲至五歲的兒童為對象，小孩會獨自坐在房內的桌子前面，而實驗者會在小孩前方的桌子擺一顆棉花糖、餅乾或蝴蝶餅，實際擺放的零食依小孩的喜好而定。實驗者會告訴小孩，她可以現在吃棉花糖，但她要是再等一下，之後就可以吃兩顆棉花糖。接著，實驗者會離開房間，等十五分鐘左右。可憐的孩子什麼事也做不了，只能坐著看著眼前那塊蓬鬆好吃的東西，十五分鐘簡直就是永遠。

觀察小孩的反應肯定很有意思。研究員表示，有些小孩會背對棉花糖、踢桌子、舔棉花糖，甚至像對待小寵物那般摸摸棉花糖，努力對抗內心想吃棉花糖的欲望。但也有些小孩連努力對抗都做不到，實驗者一離開房間，就立刻把棉花糖吃掉了。而最終結果，只有三分之一的小孩能對抗吃掉棉花糖的欲望達十五分鐘，獲得兩顆棉花糖的獎勵[50]。

說來有意思，日後有多項研究採用此一研究範例，結果都發現那些能延後獲得滿足感的小孩在人生成就上相對成功。多年後，那些小孩的分數較高、教育程度較高、體重較健康。為此，人們認為小孩的自制力（耐心、紀律、毅力就更不用說了）越高，滿足感就能延後越久[51]。要拿到好成績、取得高等學歷、維持健康體重，就必須具備前述的特質，而這些特質也是綻放的要件。

情緒傷痛會使人變得脆弱

等十五分鐘再吃棉花糖，大部分的成年人都會覺得不成問題，算不上是什麼誘惑，除非是一整天沒吃東西，那樣就算不喜歡棉花糖，看到眼前有一顆棉花糖還是會想要吃吃。人生中的其他事情不也是這樣嗎？餓了、累了、壓力大了，等待就變得困難許多。意圖再怎麼好，一脆弱就短路。

由此可見，正處於絕望的人生境況時，務必要做兩件事：第一，要記得自己有多脆弱；第二，弄清等待的原因和等待的事物。因為，人一旦脆弱就做不出好決定。戒酒無名會（Alcoholics Anonymous）使用首字母縮略字ＨＡＬＴ，讓會員得知何時會最脆弱，會不小心失誤喝酒。ＨＡＬＴ代表的是Hungry（飢餓）、Angry（生氣）、Lonely（寂寞）、Tired（疲累）。在上述的生理狀態或情緒狀態下，人們比較不會展現自制力，也比較容易屈服於誘惑。

而在情緒傷痛下，就會經常處於脆弱的狀態。在這種失去的狀態下，人會渴求立即的滿足感。如果失去的東西不能擁有了，就會尋找替代品。例如：描述分手後的第一段感情關係時，有個特殊的名稱叫做「籃板球戀愛」。有想過為什麼有這個名稱嗎？那是因為我們往往會太快跳入下一段關係，藉此緩解內心的傷痛。然而，用人、工作、夢想來減輕內心的傷痛，並不是很好的長久替代方式。

也就是說，如果才剛承受重大的失去，就不適合在此時此刻做出重要決定，如此一來，有可能帶來更令人挫折的體悟，屆時不僅要承受苦痛，還得面對以下的事實：決定緩解那份苦痛，結果反而導致苦痛延長或甚至加劇。承受內心的傷痛並非易事，一定要努力耐著性子去對待自己並妥善處理各種狀況。無論如何，從長遠來看「耐心等待」能省去更多的時間和心痛，使我們不必「多」處理可能因試圖加快療癒過程所造成的更多混亂情緒。

等待的意義

你的耐心是有意義的，你不只是為了等待而去等待。之所以會等待，最起碼是基於以下兩項重要原因之一：你之所以會等待，是因為你有更想要的東西；你之所以會等待，是因為等待的過程會讓你有所轉變。現在，來更詳盡探討這兩大原因吧！

1. 你之所以會等待，是因為你有更想要的東西

你處於等待期，第一個原因可能是因為你有想要的東西。如果你正在辦離婚或失去重要的關係，那很有可能會渴望愛與陪伴。你不想要孤獨，有時會覺得老人都很孤獨。失去對方後，明知那段關係對你有害，還是會願意回到對方身邊。為了提醒自己去等待一段充滿愛的關係，不要隨便找個人來填滿內心的空虛。我記得自己貼出了這句話：「不要為了現在想要的，就放棄了最想要的。」

你最想要的是什麼呢？是否有別於你現在想要的，或你此時此刻願意勉強接受的？放下本書，此時此刻花些時間思考自己真正想要的是什麼。如果想提醒一下自己，請回頭閱讀你在第一章寫下的內容回答。

或許，立即需求未獲得滿足一段時間，反倒是一份贈禮，因為這樣就有機會

去思考自己「真正」想要的是什麼。只要知道自己真正想要的是什麼，那麼對於心目中此時此刻可終結傷痛的那些事物，就不太可能會勉強自己去接受。你會提醒自己，此時此刻覺得不錯，之後可能會覺得沒那麼好了。如果要賣掉自己的機會以便擁有更多，那感受就會變得更不好。

我妹妹某天在這點上講得很透徹。當時我跟她說，我跟男人約會，他雖然不具備我在找的重要特質，但他對我很好，也講了我很多好話。她說：「你約會的對象很不錯，我很開心，我支持你找到摯愛。」摯愛，沒錯，那就是我真正想要的。有人會說外面有一堆男人很不錯，我很感謝對方的提醒，但我要找的不是不錯的男人，我要找的是摯愛，而這是我擁有摯愛的機會。

此外，這也是你的機會。你也許不覺得那是什麼機會，失去了，人就會感到悲哀，而大家全都想盡快脫離悲哀的狀態。所以，你必須對自己說，你感受到的空虛並不會毀掉你；你有能力掌握住那份空虛，不該用第一個出現的東西來填補那份空虛。因此，**請探索那份空虛，看看什麼最適合填滿那份空虛，然後去等待**

那個東西、那個經驗，或那個人。要牢記，你的等待是有原因的，你想要的是兩顆棉花糖，不是一顆而已。你該抓住機會，等待內心真正的渴望。記住，只要決定脫離絕望的狀態，就會一直感到安心。若在苦痛的狀態下追求的是暫時減輕傷痛，那就會放棄了重要的事物。

2. 你之所以會等待，是因為等待讓你有所轉變

有時我們最需要的是內在的轉變，而要做到這點，唯有耐心。也就是說，等待本身就會讓人有所改變，使人綻放。在我看來，人在地球上活著，並不是為了過著無憂無慮的幸福人生，但幸福並沒有什麼不對，我跟別人一樣喜歡幸福的狀態。然而，歸根究柢，人來到這個世界，是為了學習、為了成長、為了愛。我也認為人來到這個世界，是為了各自完成獨特又個人的使命，人只要好好過自己的人生，就能做好準備，實現自己的使命。至於使命的準備與完成過程，則需要有很大的耐心。

當你正在等待的時候，你等待的、你想要的往往沒有你內在發生的轉變那麼重要。在考驗之路上，只要願意耐心應對，就會發現有許多自然界的現象能證明美好的事物，確實會發生。就拿珍珠來說。珍珠是在牡蠣的腹內成長，然而沒有傷痛、快快樂樂的牡蠣永遠長不出珍珠來；生活壓力雖是小了許多，但結果的出色程度遠不如那些接受無止盡考驗的牡蠣。

外來物質（例如一粒沙）進入牡蠣殼內，牡蠣就會努力保護自己不受到惱人物質的危害。牡蠣會使用外殼產生時所用的材料，來包覆住外來物質。牡蠣會耐心地一層層使用這材料，最後就會形成珍珠。留意到了嗎？刺激物、壓力源、傷痛的源頭一直沒有從牡蠣身上移除，假如移除了沙粒，牡蠣辛苦獲得的珍貴回報也會就此失去。**珍珠之所以成形，是因為隨著壓力源、透過壓力源一起成長，並不是因為移除壓力源**。牡蠣應付刺激物的時間越久，珍珠就會長得越大顆；也就是說，世上最昂貴的珍珠來自於最痛苦、痛最久的牡蠣。

如果你發現自己正在等待，請記住，等待的背後有其重大的意義。你正在等待的，也許是你真正想要的；你之所以正在等待，也許是因為等待本身就會引發內在的轉變。我猜多少是兩者都有吧！所以，不要忽視等待、繞輕鬆的小路走，不要自己欺騙自己。

不屈不撓需要有勇氣

說來諷刺，如前文所述，我雖不是厲害的園丁，但我特別討厭雜草。我家前面的花園也許只有灌木和土，但那並不代表我會容忍蒲公英，空著的土地並不代表我是在邀請蒲公英前來占領，我很快就會把蒲公英給拔掉。

有一天，我往家裡走去，發現門前階梯有一團熟悉的黃色絨毛。我彎下腰要拔掉它，然後卻停下了動作。這蒲公英不一樣，它沒選擇長在「花」園的肥沃土壤裡，甚至也沒長在前面草地的大片青草之間。這蒲公英選擇長在階梯鋪面的中間。通往前面門廊的水泥階梯，其中一階的一側有了細小的裂縫，而這蒲公英選擇從水泥階梯的細小裂縫裡長了出來。長在那麼窄小又黑暗的地方，它是怎麼找到足夠的土壤或甚至足夠的陽光，我永遠不得而知。不過，它確實長得好好的，還在我家走道的中間燦爛綻放。

我沒拔掉那株蒲公英。我心想，它都那麼努力在貧瘠的水泥上綻放了，那就該讓它在那裡度過餘生。接下來的一週半，我回家的時候，都會停下腳步一會兒，看著那株蒲公英，內心佩服不已。

那朵小花讓我在毅力上學到重要的一課：要在困境中成長，需要有勇氣。要綻放，需要有勇氣。你還在閱讀本書並且決心綻放，我很佩服。我很清楚，不管碰到什麼遭遇，還是有心閱讀這種書，其實並非易事。你也許只是努力要存活得夠久，以便抵達目前處境的另一面。有些人是需要知道另一面的存在，我明白，有些日子沒力氣成長，我就只能撐下去，而有些日子就是不渴望成長。

現在回首過去的那些日子，我體悟到一點，在寧可放棄時選擇不屈不撓、在寧可一整天躺在床上時選擇起床上班、在寧可自己崩潰時選擇在診所裡幫個案提供諮商，這些都是在「選擇成長」。那些選擇使我得以向外擴展，得以超越自我。就算感到空虛，我還是懂得怎麼給予。就算自己需要鼓勵，還是懂得怎麼鼓勵別人。就算滿腦子想著且很想談談自己和自己的傷痛，還是懂得怎麼把別人放在第一。這些聽起來也許是一小步，對我來說卻是一大步，而且需要鼓起勇氣才行。我變得更關注他人，而這是在傷痛下成長的其中一種方式。這並不容易，但在困境中成長向來都是如此啊！這需要毅力和勇氣。

也許目的地，比預期中的還要近

承受考驗之際，就會覺得離終點還有好遠的一段路。尤其，承受考驗的時間太久，更會覺得不相信自身的困境會有結束的一天。

我想起十八歲生日前的夏天，我去加拿大亞伯達省洛磯山脈背包旅行，只有我、某位比我大二十歲的女性，還有嚮導。我們揹著沉重的背包，每天健行的路程很長；早知道這趟路程會那麼費力，就會花更多時間訓練自己。有一天的印象特別深刻，我們已在七月的高溫下健行約七英哩的路，我的雙腳痠痛，雙肩被沉重的背包壓出了很深的凹痕。嚮導示意我們停下休息幾分鐘，因為我們已抵達當日健行路程的中間點。嚮導發現小徑附近有小湖，而我們開心把背包放到地上，在草地上伸展身體。我閉上雙眼，覺得身體好像陷入地裡。陽光溫暖灑在皮膚上，微風輕盈又涼爽，那是有生以來極其放鬆的一刻。

約十分鐘後，我心想，好，我準備好了，我做得到，走完七英哩，還剩七英哩。我重新揹起沉重的背包，我們艱難地走向小徑。半小時後，我看見小徑上有一片空地、一條溪流，而有幾位健行客正在搭帳棚。我以為我們會在這裡裝滿水瓶，然後繼續前進。「我們到了！」我根本沒想到嚮導會說這句話，一臉疑惑，明明還有將近十公里的路要走。此時，嚮導露出得意的笑容，說他剛才說我們在中間點，是在開玩笑，其實那個時候就快到了。我其實很挫折，因為剛才已經做好心理準備，要再健行好幾個小時，而我們到了這裡，當天的路程就走完了。他一把「我們到了」這句話給說出口，我的身體立刻很疲累，覺得想要休息。而從那次的經驗，我體會到一點，**人在面對挑戰時，心態至關重要**。我在心理上準備好了要再辛苦健行一段路，所以我的身體就想要去迎接挑戰。當我被告知現在該休息了，我的身體就什麼也不想做，只想要休息。

心態至關重要，尤以現在為然。也許目的地比你預期中的還要近。記住，暗夜綻放的仙人掌是一夜之間就突然綻放。雖然依據旅程的長度做足準備很好，但也要記住一點，目的地有可能就在前方不遠處。投入綻放工作時，請找出休息與開心的時刻，並且樂在其中。這些時刻看似沒有作為，卻是替你的內在充電，以便應對即將到來的任何狀況。你一直都很努力工作，你擁有了綻放所需的一切。也許還需要再等待一陣子、澆水一陣子，但只要持之以恆去做，綻放的時間必定會到來。

耐心等待的療癒書寫

下文的書寫題目能幫助各位以更輕鬆的方式，度過這個等待和澆水的階段。你有機會評估自己完成多少進度，對這進度有何感受。然後，還有機會培養耐心肌肉，方法是思考「為無為」的做法，想想這種做法是怎麼在這個綻放階段有所幫助。

你還會鑽研等待期的意義，以及等待的獨特原因與回報。最後，還有機會利用下列方法來提高毅力：考慮採取勇敢的行動、改進自己的綻放心態、撰寫鼓勵信給自己，因應你額外需要一些支持的時刻。

◆評估自身進度

請花幾分鐘的時間，檢查自己目前的狀況。在綻放過程中，你走了多遠？你覺得自己是不是已經做出很多改變了？還是說，你有相反的感覺，希望自己要是此刻能做出更多改變就好了？答案沒有對錯之分，只要寫出自己的目標，以及檢查自己的狀況時有何感受就可以了。

◆實踐「為無為」

「為無為」是古代道家的行動做法，透過不作為的方式在等待期間幫助自己。此時此刻的你認為「不作為即是有作為」或「不行動即是有行動」是什麼意思？這種做法或心態，如何在綻放過程中帶來幫助？你在思考這些概念的時候，浮現了哪些情緒？

◆兩顆棉花糖好過於一顆棉花糖

在典型的心理學研究，等著吃棉花糖的小孩會拿到兩顆棉花糖的獎勵。那麼，你的「一顆棉花糖」是什麼？你的「兩顆棉花糖」是什麼？換句話說，你真正想要的是什麼？你此時此刻想要的或能擁有的到底是什麼？你在哪些情況下會想放下堅持，勉強接受一顆棉花糖？而為了降低這種妥協的機率，並確保自己能等著兩顆棉花糖時可以怎麼做？

◆等待的意義

你的等待有何意義？你之所以等待，是因為你有想要的東西嗎？還是說，你之所以等待，是因為等待的過程讓你有所轉變？還是說，兩者兼具？這段等待綻放的期間帶給你什麼樣的意義？

◆我的英雄寫給我的鼓勵信

想想你眼中的一位英雄或榜樣吧！也許是你熟知的人，也許是你從未見過卻讀過或在電視上看過的人。在這個練習，要把自己當成是你眼中的那位英雄，正在寫一封鼓勵信給你。

對於你在綻放過程中所處的位置，這個人會說些什麼？對方會說什麼來激發你的耐心與毅力？對方會提出什麼建議？這封信的收件對象是你自己，結尾要簽下你心目中的英雄的名字。當額外需要一些鼓勵時，就重讀這封信吧！

◆不屈不撓的勇氣

蒲公英從階梯鋪面的裂縫中長了出來，這故事有沒有引起你的同感？如果有同感，為什麼？如果沒有同感，有沒有另一個毅力故事會讓你更有同感？為了繼續不屈不撓並綻放，你需要做出哪些勇敢的選擇，亦即擴展與成長的選擇呢？什麼可以幫助你做出那些選擇？

◆轉換心態

你目前是以什麼心態看待綻放一事？你是否準備好去見證這段過程直到過程結束？你覺得很累或想放棄嗎？為了不要太早放棄，你需要什麼？

假如你知道自身的綻放即將到來，那會是什麼情況？你的心態會有什麼變化？你會感受到哪些情緒？你會表現出什麼行為？答完上述問題後，請寫出自己是何從這期許之處，開始活出自己。

◆ 寫完之後，你覺得……

1. 完成本章的書寫題目後，心中浮現了什麼？想利用這些自己與自身綻放過程的資訊，再做些什麼嗎？
2. 本週有什麼成長嗎？就算是只成長一點點也算。你有沒有做出任何改變？有哪些地方是你引以為榮的？
3. 你在人生中，要如何持續應用這個綻放原則呢？

持續善用「耐心等待」綻放的訣竅

若你覺得自己永遠不會綻放，在此我想跟你說：「覺得內心渴望的改變不可能發生，你並不是第一人。」曼德拉帶領自己的國家邁向那個曾經只是夢想的自由，他說：「目標完成前，總看似不可能。」唯有不願放棄的人，才能眼見夢想成真。

雖說如此，有些時候確實必須放棄才行，這種說法或許和本章內容所倡導的原則，有點矛盾，嗯，不是正式放棄，比較像是按下暫停鍵，暫停一會兒，像是我在亞伯達省健行到「中間點」的情況。

你也許會選擇按下綻放的暫停鍵，暫停幾個小時或一兩天，這樣就有充裕的時間替自己充電，重新投入該過程。在暫停期間，我鼓勵各位向你所屬的社群尋求支持，讓他們知道你需要一些鼓勵。問問他們，他們迄今在你身上看到了哪些改變，讓他們為你加油。在這段過程期間，總有些時候會需要別人來澆灌我們。如果覺得自己走在正軌上，那就不用暫停一下，請繼續等待並持續為自己澆水。

無論你此時此刻身在何處，請記住，暗夜綻放者會綻放的。我們天生就該綻放，你的綻放即將到來，循著路線繼續往前走吧！

51 Kidd, Celeste, Holly Palmeri, and Richard N. Aslin. 2013. “Rational snacking: Young children’ s decision-making on the marshmallow task is moderated by beliefs about environmental reliability.” Cognition 126:109–114. doi:10.1016/j.cognition.2012.08.04.

50 Mischel, Walter, and Ebbe B. Ebbesen. October 1970. “Attention in delay of gratification.” Journal of Personality and Social Psychology 16(2):329–37. doi:10.1037/h0029815.

| 第十二章 |

慶祝分享

與他人分享自身綻放過程，開展良性循環

這世界打垮了每一個人，此後很多人在垮掉的地方都變得堅強。

——美國作家，海明威（Ernest Hemingway）

「第一次發現腫瘤，是他才十一歲的時候，醫生說，他腦部的腫瘤開不了刀。於是我們尋求第二位醫師的意見，結果接受了引流術，後續開了兩次刀，還有長達幾個月的物理治療和放射治療。腫瘤開始縮小。五年後，到了他高中的時候，腫瘤消失了，他的家人為此慶祝。柴克曾經十分活躍、喜歡運動，卻因為開刀再也不是這樣了，但他還是保有正面的態度，藉由管理體育校隊來充分發揮自己的能力，還把親身故事告訴各種群體，激勵他們，讓他們覺得自己也能打敗癌症。

第二次是他大一的時候，外科醫師把新的腦部腫瘤約八成五都給移除了。手術完醒來不久後，柴克不顧雙親勸阻，自己從床上起身，擺姿勢展現二頭肌，還要爸爸拍張照片。然後，柴克把住院秀肌肉的照片張貼在社群媒體上，好鼓勵別人，他堅強得足以二度打敗癌症，別人也做得到。一萬人回覆他的貼文，而且為了表達支持，還上傳自己秀肌肉的照片，稱之為Zaching（『柴克照』，意思是像柴克那樣秀二頭肌）。那些照片象徵著堅韌、勇氣、希望，為柴克帶來啟發。二〇一三年創立「柴克照戰勝癌症」（Zaching Against Cancer）基金會，該家非營利基金會為癌症患者及家屬提供協助，並已經提供數百萬美元資助患者，例如：支付住院費用、提供交通工具、修剪草坪、安排美容日、提供獎學金、資助研究計畫。

柴克於二〇一四年三月離開人世，但他的基金會仍繼續蓬勃發展。我跟他父親談的時候，對方是這麼說的：『我對於暗夜綻放有沒有共鳴？當然有。我原本可以躲起來死掉算了或離婚，很多人失去孩子都會那樣。但柴克卻確保相反的狀況可能發生。我當然還是很傷心，但每天我都會為了柴克和他的使命而感到慶幸，不會一整天都悲痛不已。一直以來，柴克都幫我們計畫好了，他教了我們那麼多，他讓我們全家人都變得更加堅強。假如沒有這段黑暗時期，我永遠體驗不到這番改變。柴克總是這樣活出自己，但我是經歷了這不幸才懂得人生短暫的道理，才知道必須活在當下、樂在其中。從他身上，我也體悟到回報他人的重要性。柴克做這些事，是為了其他的癌症病童。現在，妻子與我會繼續扛起他的使命。日復一日，因為他，因為他活出人生的樣子，所以我能對這世界帶來正面的影響，這很特別。』

柴克離世前，他的父親約翰・雷德勒（John Lederer）問他，他是怎麼想出秀肌肉的姿勢。『爸爸，你不記得了嗎？』柴克如此回問還露出微笑。他父親搖頭，一臉疑惑。『我十一歲，開完第一次刀，從昏迷中醒來，你站在我的床尾，擺出秀肌肉的姿勢，要我堅強起來，所以我就照做了。』

所以他們倆如此付諸行動，是綻放鼓舞了綻放。」

前面十一章探討的原則，都是關於我們必須做什麼才能於暗夜綻放。在最後一章要轉換一下，第十二項原則是講述我們一到達綻放狀態後，就必須採取的兩大行動：慶祝和分享收穫。本章會慶祝你千辛萬苦成為的模樣，還會探討你如何把綻放果實分享給他人，激勵他人綻放。待你發現了置身黑暗帶來的益處、福氣、轉化的模樣，你的苦痛故事就會成為鼓舞他人的綻放故事。然而，這並不是故事的結局，而是嶄新的開端。我們會探究該以何種方式運用你的綻放收穫，繼續創造自我、使命、你渴望的人生。

只要保有宏大的夢想，就能準備好獲得更豐裕的收穫，不僅自己能樂在其中，也能分享給其他也需要希望與療癒的人們。

創傷後的成長

雖然大部分的人會像柴克的父親那樣，永遠不願再次經歷過去承受的創傷或失去，但也有很多人都表示，假如沒有經歷那般傷痛與苦痛，就不可能獲得成長並堅強起來。他們成為今日的模樣並對這世界產生影響，並不是儘管碰到負面事件還做得到，而是因為碰到負面事件才造成的。好比烏雲總是鑲著光亮的銀邊，隨著時間的過去和視角的變化，許多人回首過去的辛苦，才覺得那是突如其來又確實沒得選擇的福氣。

心理學領域稱之為「創傷後的成長」或「創傷引發的成長」，這概念用以指稱人們在應對異常艱辛的人生境況後經歷的正面改變。這類正面的改變也許會出現在個人的人生觀、優先事項、生活滿意感、關係、靈性上。在負面人生事件當中能發現光亮的銀邊的人們，確實往往負面影響較少、痛苦較輕微、混亂的念頭較少、人生的意義較大。同時，經客觀衡量後，這種人的身心健康也較佳。

我們參與綻放過程，努力獲得創傷引發的成長。不論你是已面對險惡的挑戰，還是此時此刻正在面對，也許你已經見到自身內外都有了正面的轉變。或者說，你根本還沒有到那個程度。但正如前一章所述，不管你正在經歷什麼都沒關係。綻放是一段過程，總之就繼續閱讀本章，好保有期望，並做好準備，迎接即將到來的綻放。

慶祝自己的綻放

到達綻放狀態之後，要採取兩個重要的步驟。**第一個步驟是慶祝自己的綻放**。一般而言，我們很常會去設立目標，為達目標而努力工作，而達成目標之後就立刻開始努力朝下一個目標邁進。用這種方法做事，達不到成果，而且為達成果而付出的努力也會白費。經過一段時間後，有可能會失去成長的動機，甚至開始筋疲力盡。

前一章已就慶祝自己的失敗進行討論，現在該要慶祝自己的成功與成就，慶祝自己的努力、毅力、勇氣。終歸到底，我們就是因此才做完綻放的苦差事，這是我們的回報！開心享用自己的勞動果實吧！而值得我們慶祝的事情，有很多，比如說，我們在這世上的全新存在方式、精進的人格特質、全新的可能性與機會、我們拓展的方式、我們的夢想與目標有何變化等。

思考一下你開始這段綻放過程時，自己所在的位置。然後，想一想自己現在的所在位置，最重要的是要想一想自己「現在」的模樣。我把這個反思過程比喻「瘦身前」和「瘦身後」照片對比。瘦身後的照片總是好看，但真正的衝擊是看到瘦身前的照片和瘦身後的照片有極大的差別，而正是兩者的確切變化帶來了影響與啟發。

有多種方法可以產生這樣的對比，重新敘述自己的故事就是其一。在第二章，你寫出了自身傷痛與苦痛的故事，描述你經歷的失去或創傷，你因此受到什麼影響。現在該重新敘事了，把傷痛的故事化為綻放的故事或救贖的故事。重新敘述的做法，是主動找出傷痛的人生經驗帶來的益處與福氣。我們慶祝的不是引領我們踏進綻放過程的那起事件，我們慶祝的是那起事件帶來的益處、福氣、正面的改變。

此外，慶祝自己的綻放還有另一種方法，就是舉行綻放的慶祝儀式，用來表示舊的結束、新的開始。這慶祝儀式會彰顯你完成的工作以及你達到的成果。也許是跟朋友或摯愛一起公開慶祝，例如舉辦派對或小型聚會。也許是自己私下慶祝，去做某件對自己有意義的事情，例如你樂在其中的活動，或去你一直想去的地方旅行。也或許是寫張恭賀卡片給自己或買不錯的禮物給自己，用來紀念這個重要的事情。

分享自己的收穫

綻放後要採取的第二個重要步驟，是把自己的綻放收穫分享給別人。本書的開頭已經探討過了，不要浪費自己的悲傷，這點十分重要。而不要浪費自己的綻放收穫，我認為也同樣重要。綻放有許多美好之處，其一就是獲得的果實遠超過自己所需。

想一想農夫栽下種子後的情景吧！一顆細心栽種培育的種子長成了一株結出果實的植物，而那果實又蘊含著數以百計的種子，將來可能又會有數以百計的植物結出更多的果實。就拿番茄種子來說吧！一顆種子會長成數十株番茄，每一顆番茄裡頭蘊含著額外數十棵種子，日後會長出更多株的番茄植物，結出更多顆的番茄；就這樣不斷增長，潛在的收穫量會指數增長。

暗夜綻放者也是同樣道理。綻放的成果很豐富，不只是有益你自己而已，你現在已做好周全的準備，有能力幫助他人綻放。有果實可分享出去並樂在其中，有種子可栽種，日後可得到收穫。對許多人來說，自己獨有的綻放過程（亦即把傷痛化為意義的過程）會成為人生中的一項使命。比如說，約翰夫妻在兒子柴克罹患癌症後，幫助癌症患者就成了夫妻倆的使命。曼德拉利用自身的傷痛與監禁的經歷，終結了數以百萬計的人們承受的種族隔離與歧視。珍妮在剛出生的兒子不得不住院、接受多次手術之後，創立了「慈愛屋主」組織，為住院患者家屬提供便宜或免費的住宿。柯特離婚後私下苦於憂鬱症多年，現在寫部落格探討心理健康問題，幫助情緒痛苦的人們。芮妮在罹患癌症、有所轉變後，開始幫助有同樣經歷的人們。達西和金柏莉以自己的創傷經驗，幫助別人從創傷中痊癒。

當然，我不是叫你一定要去創立組織或慈善基金會，也不是要你一定要對自身的失去正式做點什麼，那也許不是你獨有的使命。我的意思是，你的人生於今於後一定會有人需要你的綻放所帶來的果實，那，你會如何分享這個果實呢？你會像支持你的人們那樣去支持哪些人？我們對別人付出，就等於是栽下了種子，日後可收成。外頭有很多頗富潛力的暗夜綻放者，你會怎麼幫助他們綻放？

慶祝分享的療癒書寫

在最後一組的書寫題目，你有機會慶祝自己的綻放，並把自己的收穫分享給別人。

你會把傷痛與苦痛的故事，重新敘述成綻放的故事，藉此建立自己的綻放前、綻放後照片。在此還要鼓勵你規劃並執行有意義的綻放慶祝儀式。接著，你有機會思考自己，會想怎麼跟別人分享自己的綻放收穫。你會描寫自己的綻放是如何啟發他人綻放。最後，你也會寫出自己想成為的模樣，今起十二個月後想要擁有什麼樣的人生，藉此繼續思考人生與將來。在此要鼓勵你，夢想要大！

◆光亮的銀邊

我們受過的傷痛與苦痛，多半不是自願的。然而，我們多半也能在人生中的烏雲，找到光亮的銀邊。下列題目是要幫助各位找到自己的光亮的銀邊。可以先使用一道或多道題目當作本章療癒書寫的開始。

- 從這段辛苦的人生時期中，我學到了……
- 我最大的個人優點是……
- 我對自己引以為榮的地方是……
- 我很訝異，自己竟然能夠……
- 在這一切當中，最美好的其中一件事情是……

- 我現在能幫助別人的方法是……

◆慶祝自己的綻放

你做到了！你在暗夜綻放！現在該要慶祝自己的成就，慶祝自己的努力、毅力、勇氣。在這個地方列出你一定要慶祝的所有事情，包括暗夜綻放帶來的所有福氣、益處、轉化的模樣。書寫慶祝清單時，可以參考下列問題一併思考：

- 你培養了或精進了哪些人格特質？
- 因為你已經綻放，所以現在有什麼事是做得到的？
- 有哪些全新的大門已經開啟？
- 你現在能夠答應去做什麼事情？
- 你的人生是怎麼拓展的？
- 這次你可以給予哪些贈禮？
- 你學到了什麼？

- 你的優先事項有改變嗎？
- 你將來的夢想與目標有何改變？
- 你在關係上有何不同？
- 你在狀態上有何不同？

此外，請重新閱讀你在第一章回答的每一個答案，你就是在那裡定下了綻放的意念和目標。寫出你的意念當中有多少意念已經實現，你的過程有多類似你為自己所寫的綻放故事。最後，寫出還有哪些意念和目標，仍待完成或綻放。

◆ 我的綻放故事

現在該重新敘述了，把傷痛與苦痛的故事化為綻放的故事。

請先重新閱讀你在第二章所寫的苦痛故事。想一想你開始這段綻放過程時，自己所在的位置以及自己的模樣，並寫出來。接著，再思考自己現在所在的位置，最重要的是要想想自己現在的模樣。務必要包含這段傷痛的人生經驗帶來的益處、福氣、正面的改變。最後，寫出你在這兩篇故事，亦即你的綻放前故事、綻放後故事之間看出哪些差異。什麼會讓你覺得訝異？什麼會讓你覺得開心？什麼會讓你最想慶祝？

◆綻放慶祝儀式

規劃心目中的理想慶祝儀式，用來表示舊的結束、新的開始。這慶祝儀式會彰顯你辛苦完成的所有工作和你達到的出色成果。也許是公開慶祝，也許是派對，也許是私下的活動。重點是慶祝儀式對你而言，需要具有特別意義。

◆分享你的綻放收穫

現在，你已準備好幫助別人綻放。有些人是採用正式的方法，例如創立組織或慈善基金會，而有些人是用比較不正式的方法，來實現他們的使命並分享他們的收穫，例如為那些處境艱辛的人們提供支持。回答下列題目，思考自己想如何分享收穫：

- 你的人生中，有哪些人需要你的綻放果實？
- 你會如何分享收穫？分享收穫時，你想採用正式或非正式的方法？
- 你的傷痛有哪些意義？你有沒有全新的或更進取的人生使命？如果有的話，是什麼？
- 為求日後有所收穫，你會怎麼栽下種子？
- 你會怎麼幫助其他的暗夜綻放者？

◆做好萬全準備，日後就能有所收穫

你可以運用綻放原則，例如定下意念、勇敢行動、展現耐心與毅力等，藉此繼續塑造自己的將來並做好準備，日後就能有所收穫。

請寫出自己想成為的模樣，思考一下從現在起的一年後，想要擁有什麼樣的人生。不是只寫出期望，而是寫出你在人生中的所有層面真正想成為的樣子。

在紙頁最上方寫好日期，日期是從現在算起的一年後。以現在式（例如「我是」、「我有」等）詳細描寫自己。描寫自己是什麼樣子、有什麼感受、有什麼樣的心情、自我對話、自己的意念、自己的關係、自己的工作、把時間花在哪裡等，總之，盡可能詳細。接著，把寫好的紙張放進信封裡封好，日期是從現在起一年後。一年後打開信，看看你描寫的自己有多少部分成真！

◆ 我的願望清單

願望清單，就是列出你想要達成或想在離世前去做的所有事情。事情可大可小，重點是那些都是你眼中很有意義的事情。事實上，想在毫不後悔、充滿美好回憶的情況下抵達人生結局，有個方法就是擬定並完成願望清單。

寫完願望清單後，請更詳細探討其中幾項願望或全部的願望。比如說，可以描寫你的興趣、價值、技能或優點，與願望清單裡各個願望有什麼關係。你覺得各個願望最重要的是什麼？

完成後，經常審視這份願望清單，思考一下自己會用哪些最重要的方法來花費寶貴的時間與能量。最後，採取有意義的行動，完成願望清單。

◆寫完之後，你覺得……

1. 完成本章的書寫題目後，你的心中浮現了什麼？你在內在的何處發現慶祝的感覺？是什麼放大了這種感覺？
2. 本週有什麼成長嗎？就算是只成長一點點也算。你有沒有做出任何改變？有哪些地方是你引以為榮的？
3. 你在人生中，要如何持續應用這個綻放原則呢？
4. 你是否已完成綻放過程？還是說，你覺得以後會有更多的綻放？如果是後者，重溫哪些原則與寫作題目也許會有幫助？
5. 你的人生中，有誰聽到你的綻放故事或許可能受益良多？

持續善用「慶祝分享」的綻放訣竅

綻放，是一種持續不斷的過程，總是有更多事情要學習、更多成長要經歷、更多收穫要拿取。正如你會對綻放一事好好深思，在此鼓勵你對於打造自己的將來、對於將來想成為的模樣，也好好深思一番。

書寫是加快這個過程的方法，就像你在綻放過程在做的一樣。我們使用自己的言語，把收成中獲得的種子給栽下，以便帶來更多的成長與日後的收穫，所以請繼續不斷書寫吧！

我認為，人生中能料想到的唯一一件事情就是「改變」。把這些題目和你的答案塞到某個安全的地方，當下次人生出現突如其來的難關或辛苦的失去時，就請回顧自己寫的答案。你可以從親身經歷中汲取什麼智慧？還有什麼要學習？你還可以用什麼方式獲得成長並持續綻放？

52 Tedeschi, R.G., and L.G. Calhoun. Trauma and transformation: Growing in the aftermath of suffering. Newbury Park, CA: Sage, 1995.

結語

人生的裂縫，是為了使更多陽光透進來

傷口就是光明進入你內心之處。

——波斯詩人，魯米（Rumi）

暗夜綻放者，恭喜！你勇敢實踐十二項綻放原則，我為你感到驕傲。你選擇從嶄新的視角去看待自身的苦痛，你沒有問：「為什麼是我？」而是開始自問：「我在這苦痛後想成為什麼模樣？我希望以後的人生會是什麼樣子？」你定下了強大的綻放意念和目標，並正視悲傷，完成了「哀傷而後成長」的苦差事，找到了自己的支持系統，你願意處於黑暗中並擁抱不確定感，鍛鍊勇氣、勇敢向外拓展，改變心態並餵養希望，跟神的園丁來場角力對話，並用愛與感激施肥，促進自身的綻放，同時，在自身的混亂中挖出珍寶，賦予傷痛意義，接受那些對自己再也沒有好處的事物並且學會放下。你等待，你澆水，你不放棄，然後慶祝自己的綻放，擬定方法來分享自己的收穫。轉變絕非易事，要堅持撐在那裡，直到迎來最後結局。希望你對於自己在黑暗裡蒐集的寶物，或是說自己成為的寶物，會感到開心無比。

書末，想把幾個想法留給各位，那些想法的靈感是來自於我與個案之間的對話，以及我在黑暗裡的親身經驗。

正如你所知，大部分的植物不是只綻放一次而已，有些植物終生都在成長與開花；人生也是那樣循環。我希望你再也不會經歷這異常傷痛的處境或任何類似的情況。雖說如此，人生總有著或大或小的失去，而無論我們自己付出了多少的努力，都必然要經歷失去或隨之而來的傷痛。然而，我們可以努力變得更有韌性去面對失去，而你已努力實踐這些綻放原則，做到了這點。在你的紀律、決心、勇氣下，你再也不會以同樣方式去面對失去，因為現在的你跟「首次經歷失去的那個你」已經不一樣了。你擁有了過去沒有的資源與韌性，你擁有了智慧與堅毅，你學會了綻放。

我朋友的仙人掌也許是花了好幾年的時間才得以綻放，但一旦綻放了，她就必然知道那株植物有綻放的能力。現在她可以期望以後仙人掌還會綻放。我們知道你也會綻放，你是暗夜綻放者，你綻放過，如有必要，也還會再度綻放，因為暗夜綻放者就是懂得如何綻放。

美好與破損

另外，還有另一件重要事情該承認，就算你正在慶祝自己的綻放並分享你的收穫，還是有可能會經驗哀傷與傷痛的時刻。希望不是一直如此，也希望不是同樣的強度。然而，曾經綻放過並不表示再也不會感受到失去的傷痛。失去以後，人生再也不一樣了。當然有其美好之處，正如你的綻放所展現的，但也會留下一些疤痕證明你承受過的傷痛。

以下的故事叫做「裂掉的壺」，在我思考自身綻放過程的美好與殘留的疼痛時，它把希望帶給了我。（這篇故事的作者目前是佚名，本篇故事有個版本是位於：https://www.moralstories.org/the-cracked-pot/。）

「印度的某位扛水人有兩個大水壺，分別掛在他肩上扛著的竹竿兩端。一個水壺完美無缺，總是能提供裝滿水的水量。另一個水壺則有裂縫，從小溪那裡要走好長一段路才會走到主人家，所以裂掉的水壺，多半只剩下一半的水。

扛水人扛到主人家的水只有一壺半，整整兩年時間每天都是這樣。當然，完美無缺的水壺為自己的成就引以為榮，完全發揮了水壺的用途。不過，可憐的裂掉水壺對自己的不完美感到羞愧，對於自己只能交出一半的水感到悲哀。就這樣過了兩年，裂掉的水壺覺得自己很失敗，有一天在溪邊跟扛水人說起話來。

『我覺得很羞愧，我想跟你道歉。』

『為什麼？』扛水人問：『你為什麼覺得羞愧？』

水壺說：『這兩年來，我只能提供一半的水量，因為側面有裂縫，回你主人家的時候一路都在漏水。我有缺陷，害你不得不工作得那麼辛苦，你的努力沒有充分發揮價值。』

扛水人對裂掉的舊水壺感到抱歉，他慈悲地說：『我們走回主人家的時候，我希望你能去注意小徑上漂亮的花。』

確實，爬上山坡時，裂掉的舊水壺注意到溫暖的太陽照耀在小徑一側的漂亮野花上，隨即開心起來。不過，走完了小徑，舊水壺還是心情不好，因為一半的水都漏掉了，於是舊水壺再度為著自己的失敗，向扛水人道歉。

扛水人對水壺說：『你有沒有注意到，小徑上只有你那一側有花，另一個水壺的那一側沒有花。那是因為我一直都知道你有缺陷，而我利用了那個缺陷。我在小徑的那一側種下了花的種子，每天我們從溪邊走回來的時候，你都一直對種子澆水。這兩年的時間，我能摘這些漂亮的花裝飾主人家的餐桌。假如你不是現在這個樣子，主人就沒有漂亮的花可以裝飾他的家。』」

這則故事證明了不完美有其美好與意義。那個水壺的最大才能，並不是完美的外觀或工作能力，而它卻以為那是最重要的。實際上，那個水壺最大的用處，是因為它破損了還願意在那種狀態下提供服務。數以百計的花之所以綻放，是因為有裂縫的緣故。

你永遠不會忘記自己失去的，也不應該忘。付出代價，才得以綻放。那樣的傷痛，那樣的苦痛，那樣的失去，致使裂縫形成，也許是大裂縫，也許是差點將你撕成兩半的裂縫。不過，**那條裂縫能讓陽光照進來，並展現美好。裂縫就是我們分享收穫的方式**。很多時候，確實必須先有了裂縫，才能有收穫，接著才可以樂在其中並分享出去。身為暗夜綻放者的我們是破損了，但也很美好，我們該要稱頌這破裂。稱頌這美好。我們之所以有別於他人，是因為我們的破損有其意義。而那意義會改變你，進而改變你的世界。

黑暗是肥沃之處，美好的事物總發生在那裡。你就是美好的事物之一。我對你有個臨別的期望，希望你在黑暗裡蒐集的寶物能超過你最狂熱的夢想，希望你的綻放能激勵其他有著同樣勇氣與希望的暗夜綻放者。

致謝
暗夜綻放需要整座花園的支持

這輩子有幸得以從事的事情當中，有幾件事比本書的出版還更讓我引以為榮。也許是因為我必得先親身經歷才寫得出來吧！而親身經歷比寫作還要困難許多！得知這些想法與方法可以幫助別人暗夜綻放，覺得像是在彌補自己人生中極其艱辛的一些時刻。

出版書籍與暗夜綻放，都需要一整個團隊的幫助，亦即一整座花園的支持。在此想謝謝所有幫助我出版及暗夜綻放的人們。感謝寫作導師羅菈．奧利佛（Laura Oliver）鼓勵我撰寫自己的回憶錄，促使我開始踏上這條路，謝謝你在我人生中如此脆弱的時刻賦予我智慧，並且關愛我、鼓勵我。感謝經紀人喬艾兒．戴博戈（Joelle Delbourgo）相信我、相信本書，並全力以赴為本書找到美好的家。感謝編輯費歐娜・哈洛威（Fiona Hallowell）以及 Ixia Press/ Dover Publications 的團隊，跟你們合作向來十分愉快。

我的綻放多半是仰賴家人、朋友、同事、治療師的支持。要感謝的人太多，無法一一列出，但在此想特別謝謝以下幾位：謝謝莉亞・馬歇爾（Lea Marshall），你那些鼓舞人心的簡訊與電子郵件使我在分居期間不致滅頂，內心仍充滿希望，而你那則講述暗夜綻放的仙人掌的簡訊，激發了這整個想法。謝謝琳達・提格（Linda Teague），你猶如關愛的母親，是跟我一起走過這段過程的最佳人選，你的愛與友誼是我在黑暗裡獲得的萬分美好的珍寶。謝謝史蒂夫・奧斯特霍（Steve Osterhout），你的諮商正是我需要的，你那寬容又明智的言語，我永難忘懷。謝謝溫蒂・庫瑪（Wendy Kumar），你在我身上施展「魔法」已有七年之久，還幫助我度過一些極其艱辛的時刻，謝謝你的支持、諮商技能和寬容的精神。謝謝克里絲汀・羅坎托爾（Krystin Locantore），你有如天賜，打理了我的頭髮，還照顧了我的心，感謝你的友誼、笑聲、忠告。謝謝瑪姬・雷耶斯（Maggie Reyes），你是名符其實的一流頂尖教練，謝謝你看見了我，還幫助我看見自己。謝謝同事，跟你們工作，為你們工作，堪稱一大樂事。謝謝弗拉（Flav），你的支持與協助不斷讓我感到訝異，謝謝你所做的一切。謝謝我所有可愛的友人，這輩子有你們，不僅是好運而已，我愛你們。謝謝我那些勇敢的個案，你們在綻放的勇氣、毅力、決心等各方面堪稱典範，鼓舞了我，跟你們一起合作，十分榮幸。

最後，謝謝我親愛的家人，雖然你們住的地方比我希望的還要遙遠，但你們以無數的方式展現關愛與支持，我非常感激。謝謝爸爸，沒有你，我簡直就綻放不了，也寫不了這本書，你是女兒眼中最好的爸爸，而且不只是爸爸，我永遠不會忘記，你以各種方式關愛我，對我說我是珍貴的（還記得可樂品牌再造的談話吧？），還徐徐教導我，讓我相信自己，只要下定決心就什麼事都做得到。

謝謝神的園丁，謝謝你在黑暗裡，以如此強大的、無所不在的、關愛的方式，在我的面前展現你自己。每一塊碎片，都是一次綻放。願我的人生與本書是你獲得的美好禮物。

附錄

如何創立綻放互助團體？

什麼是「綻放互助團體」？

綻放互助團體好比是讀書會，只是綻放互助團體的目的與作，用在幾個重要方面有所不同。一般讀書會的目的主要是討論書籍、作者、文學上的選擇與手段，綻放互助團體的目的是促進各個成員的綻放過程，而且是運用《書寫修復練習》的原則與書寫題目來促進綻放過程。成員會討論自己是如何把這些原則應用在生活中，從書寫題目的練習中又學到了什麼。

綻放互助團體也有別於典型的支持團體或哀傷團體，綻放互助團體不著眼於黑暗，而是著眼於綻放。當然，不是說別去討論那些致使你來到團體的各種失去、人生巨變、不幸，只是這些事情不會是討論的重心，那類的討論適合個人治療、團體治療治療、出門跟朋友聚會。綻放互助團體的目的是要促進綻放過程。既然注意力放在哪個方向，人生就會往哪個方向去，那麼團體的注意力就必須放在綻放上。《書寫修復練習》的原則，能讓團體討論有了基本的架構，也有方法可以度過逆境（不是光空談逆境而已，所以不會陷入逆境！）。

為什麼綻放互助團體會有所幫助？

人不是本來就該獨自綻放。第三項原則的重點其實是支持自身的綻放。而要支持自身的綻放，綻放互助團體便是其中一種做法。讓自己的身邊都是同樣定下暗夜綻放意念的暗夜綻放者，這樣就會很有動力。而知道自己不是唯一的暗夜綻放者，也會很安心。

置身於失去與哀傷帶來的黑暗之中，有時會難以看見彼此的存在。而綻放互助團體不僅幫助你打造「花園的支撐樁」，還讓你有機會在別人遭逢困境時支持別人。根據研究顯示，要改善自己的情緒幸福感，幫助別人是絕佳的方法之一。

誰可以參加綻放互助團體？

綻放互助團體是給所有暗夜綻放者參加的！也就是說，你人生中要經歷過某件帶來「黑暗」的事情，也許是失去摯愛、罹患疾病、被開除、破產、創傷、離婚，或者其他壓力或逆境。然而，要加入綻放互助團體，不只是要經歷過逆境而已，還必須想要做到「暗夜綻放」！也許這點自是不用多說，但就算團體成員不確定自己做不做得到綻放，但最起碼會渴望得知自己能不能做到。

無論是要打造出單一性別或某一種失去的團體，或是要打造出限制某個年齡層的團體，團體的引導師都需要運用洞察力。限縮成員資格有優點也有缺點。有些人在比較同質的團體會覺得非常自在，而討論內容就必須限縮在某些主題上。然而，比較異質的團體具有多元的視角與人生經驗，人們往往獲益匪淺。

團體裡可以有多少人？

綻放互助團體的人數可以少至兩位暗夜綻放者，但建議最起碼要有三至四位成員。雖然兩位成員可組成關係很親密的團體，也不會像大型團體那樣會在行程安排方面碰到很多困難，但是這麼小的團體有可能會不太穩定，要是有一個人缺席或決定不再參與，團體就不存在了。

嚴格來說，雖然可以隨自己的心意收很多成員，但還是建議團體人數限制在八人至十人左右。超過這個人數，個人的參與就會碰到更多的挑戰。在很大的團體裡，害羞的成員比較難開口說話，而且每個人都要分享想法的話，在時間限制下可能講不完。在我看來，理想的團體規模約落在四至六位成員，這個規模可讓個人充分參與，也不會因為一兩個成員偶爾缺席就岌岌可危。

應該多常聚會？

建議一個月聚會兩次。如果成員希望一週聚會一次，我當然也不會潑冷水。

不過，根據我的經驗，儘管很有熱忱，但大家的生活都很忙碌，往往無法一週聚會一次，每兩週一次通常比較可行。

至於一個月一次，則沒有一個月兩次那麼理想，畢竟聚會相隔的時間較久，較難形成關係親密的支持團體。要是錯過聚會，就得等兩個月才能再度參與。

如果成員沒辦法一個月兩次都親自出席，團體可以考慮每個月辦一次面對面的聚會以及一次線上團體聚會。有很多免費的視訊會議平台可做為這些用途使用，例如Zoom或Skype。

聚會時間多長？

建議團體每次都聚會一小時半。兩人團體可能不需要這麼久，十人團體也許可延長到兩小時。無論團體的規模大小，一律建議不要超過兩小時。探究深入的情緒議題，在情緒上、生理上都很累人（綻放是件苦差事！）。把團體聚會的時間限制在一小時半或兩小時，就具有支持作用，又不會耗盡心力。

至於總時間長度，也就是指從團體的形成到結束，則會有點難以決定。有些團體可能希望整個過程長達一年，每個月討論一項綻放原則，這種做法會很順利，畢竟有十二項原則。有些團體可能一想到要投入一年時間就不由得卻步，也許寧可建立為期六個月的團體。還有些團體可能覺得一年的時間不夠長。

我建議，投入一年的時間，一個月聚會兩次。一年後，團體還是可以決定是否要延長，而如果有成員基於某種原因無法繼續進行，也可以隨時自由停下來。就我自己的綻放過程，一年是實際可行的時間長度，不太短，也不太長。大部分的人需要至少一年的良好又可靠的支持才能走完綻放過程，為期十二個月的團體能確保我們獲得那樣的支持。

綻放互助團體的結構是怎麼樣的？

我會就團體結構提出一些建議，但提出建議前，想先說一點，團體是為了你才存在的，團體的結構應該要呈現出最適合你的樣貌。記住，綻放互助團體的目的是要支持個別成員的綻放過程，也就是說，哪種結構最能支持你的綻放過程，就是你所屬團體的最佳結構。如果你發現有結構比我下方的建議還要更適合你，請不吝告知！

建議一個月聚會兩次，以一年為期。當月的第一次聚會，團體要討論十二項綻放原則的其中一項原則，例如：該原則對每位成員有何意義，該原則如何應用在生活中，成員對於該原則或該原則的任何題目所提出的任何問題。比如說，第一個月討論第一項綻放原則，第二個月討論第二項綻放原則，以此類推。當月第一次聚會若有剩餘時間，可以討論成員在完成寫作題目的時候有了哪些想法（可參考當月的第二次會議）。

當月第二次聚會要討論成員在完成寫作題目與綻放活動的時候有了哪些想法，也就是說，在寫作及綻放後，浮現了哪些見解、想法、訝異之處、成長、挫折、問題。在各章結尾的綻放狀況問題所寫的一些答案，各個成員也可以跟大家分享。雖說你會討論自己寫的內容，但在團體聚會期間，還是建議不要把你寫的答案給唸出來，這樣會很花時間，也無法有效運用團體的時間與支持。請利用聚會時間討論你內心浮現的想法、你學到了什麼、你注意到哪些主題與模式、你如何應用題材、你如何綻放。

還有一點務必請注意。有些成員需要花一個月以上的時間來討論某些原則，有些人可能比較快就能消化完題材。本書唯一的錯誤討論方式就是按照別人的步調討論！目標是讓每位成員都綻放，並不是讓每位成員都依照特定的行程進行。

因此，前文建議的結構可讓成員按不同的步調處理本書的題材。無論某位成員是哪種情況，當月第一次聚會還是可以闡述當月的綻放原則。如此一來，一年過後就會介紹完十二項原則。當月第一次聚會介紹完原則後的討論內容，以及當月第二次聚會的討論內容，可以是任何原則或任何寫作題目。成員在本書中或綻放過程中不用位於相同的地方，就能從討論、支持、其他成員的見解當中獲益良多。團體的引導師可以在團體創立的開端強調這點，也可以在整個過程定時強調這點。

如何找到人員，組成綻放互助團體？

加入綻放互助團體的唯一要求，就是認為自己是暗夜綻放者並想要在暗夜裡綻放。由此可見，要創立綻放互助團體，必須找出其他的暗夜綻放者。也就是說，要找的對象是過去經歷過或目前正在經歷某種人生巨變、壓力源或逆境，並且想要加入團體，讓團體支持自己在困境下成長茁壯。

若想找到那些會對這個機會感興趣的人，可以試試幾種不同的策略。雖然我會建議幾項策略，但也請不吝提出你自己的想法。如果你發現某個想法很有用，請告訴我吧！

- 詢問友人是否想加入綻放互助團體，或者他們社交圈裡有沒有人也許會因此受惠。大家起碼會認識某一個正在經歷困境的人，而這樣的人通常不只一個。
- 把這本書送給一兩個也許會從綻放互助團體中受惠的朋友，並且提議一起創立綻放互助團體。

- 在臉書或其他的社群媒體帳號上張貼通知，讓朋友知道你渴望創立綻放互助團體，也可以請朋友把你的貼文轉發到他們的帳號上。
- 向你隸屬的其他團體與組織（例如信仰組織、社區團體、媽媽團體、你去的健身房或你上的瑜珈課）提出要求，口頭宣布或書面公告。
- 若你正在接受治療，可以詢問治療師對於引導團體感不感興趣，或者願不願意讓你在候診室貼一張公告，好讓其他個案看到後可以聯絡你這位團體引導師。
- 若沒有正在接受治療，你也可以聯絡當地診所，拿前文列出的問題向治療師詢問。
- 你可以使用 Meetup.com 網站來創立團體，這個網站很適合用來認識當地有類似興趣的人。Meetup.com 還有很多其他的團體，例如離婚者支持團體、哀傷團體等。在你的所在地區創立綻放互助團體，有如多了一個雪中送炭的機會。

你在貼文、公告、行銷文宣裡，可以使用本指南裡的所有用語。

團體創立後，新成員能不能加入？

這個問題的答案視個別團體而定。有些團體偏好「不公開」，創立後就不接受新成員；有些團體偏好「公開」，新成員可以隨時加入，或在團體聚會期間的規定時間加入。兩種做法各有優缺點，最好在團體一開始組成時，就先跟成員徹底談過前述的偏好，這樣在團體運作方式上就能營造安全感與透明度。

誰應該引導團體？

這同樣有幾種做法，可以由一位引導師或兩位共同引導師負責監督團體的運籌情況，在團體聚會期間協助成員對話交流或回到正題上。引導師通常會有熱忱要創立團體，也有動力要看著團體走到最後。另一個選擇就是讓成員輪流擔任當週的團體引導師，每位成員都會輪到。在這種情況下，通常還會有一位聯絡人負責監督運籌情況，例如：行程安排、傳送提醒訊息、尋找聚會場所（除非場所是按當週的引導師輪換）、概略監督團體的運作。

有沒有什麼方針，是團體應該謹記在心的？

我對於自己經營的每個團體一開始都會告知幾項方針，這樣就能把團體打造成安全的地方，從一開始就定下成員理應遵循的出席模式。

第一項方針是保密。為了在團體內打造出安全的支持環境，我請每位成員對其他成員分享的所有資訊都要嚴格保密。樂見成員把親身經驗分享給別人，但別人分享給自己的經驗都必須保密才行。

第二項方針是互敬。為確保成員在團體內能自在傾訴內心的念頭與感覺，所有成員都必須彼此做到有禮、尊敬、尊嚴。用和善慈悲的態度對待他人，可提升整個團體的幸福感。

第三項方針是「跳過我」規定。雖然鼓勵成員參與團體討論，但是成員若覺得分享某些資訊不自在，就不該要求成員透露。團體成員只要說「跳過我」，那就要接受對方不想開口。

團體第一次聚會時，是告知方針的絕佳時機，也可在此時請團體成員就方針提出想法。團體採用某種非正式的認可方式，例如每個人都舉手表示同意，藉此建立團隊特有的一套規範，定下團體對成員的參與有何期望。

加入團體要不要付費？

不用！綻放互助團體應該是所有成員都免費，唯一的相關費用就是購買你手上的這本書，方便成員在會議之間投入綻放工作與書寫練習。

我們應該在哪裡聚會？

適合的聚會場所很多。也許是一整年每次都在引導師的家裡聚會，也許是在某些成員或全部成員的住處輪流聚會。聚會場所也可以選在教堂或禮拜場所、當地圖書館或社區中心的討論室、安靜的咖啡館。對聚會場所的主要要求就是比較私人的安靜空間。你們會相互分享敏感的、情緒上的事情，希望聚會場所能有安心、安全、保密的感覺，不會被別人打擾，也不會打擾到別人。

我們需要哪些資源？

需要的資源很少，每位成員都應該要帶著《書寫修復練習》這本書、綻放日誌、一枝筆。有人可能也會想要帶一些面紙，還有餅乾。

我很想聽聽你的綻放互助團體的情況！前往www.DrMichellePearce.com以及Instagram上面的 bloomwithdrmichelle，就能聯絡到我。如果你在自己的Instagram帳號張貼了有關你的團體的情況，務請使用主題標籤#NightBloomers，也要標記我。我們一起展開綻放革命吧！

HEART
心|視野 心視野系列 098

書寫修復練習

面對人生低潮與困境的12個書寫練習，把摔傷的自己重新拼起

Night Bloomers: 12 Principles for Thriving in Adversity

作者	蜜雪兒・皮爾斯 Michelle Pearce
譯者	姚怡平
封面設計	萬勝安
版型設計	顏麟驊
內文排版	許貴華
責任編輯	謝宥融
行銷企劃	蔡雨庭
出版一部總編輯	紀欣怡
出版者	采實文化事業股份有限公司
業務發行	張世明・林踏欣・林坤蓉・王貞玉
國際版權	林冠妤・鄒欣穎
印務採購	曾玉霞
會計行政	王雅蕙・李韶婉・簡佩鈺
法律顧問	第一國際法律事務所 余淑杏律師
電子信箱	acme@acmebook.com.tw
采實官網	www.acmebook.com.tw
采實臉書	www.facebook.com/acmebook01
ISBN	978-986-507-816-4
定價	360元
初版一刷	2022年5月
劃撥帳號	50148859
劃撥戶名	采實文化事業股份有限公司 104台北市中山區南京東路二段95號9樓 電話：(02)2511-9798 傳真：(02)2571-3298

國家圖書館出版品預行編目資料

書寫修復練習：面對人生低潮與困境的 12 個書寫練習，把摔傷的自己重新拼起 / 蜜雪兒．皮爾斯 (Michelle Pearce) 著；姚怡平譯．-- 初版．-- 臺北市：采實文化事業股份有限公司，2022.05

368 面；14.8×21 公分．--（心視野系列；98）

譯自：Night boomers : 12 principles for thriving in adversity.

ISBN 978-986-507-816-4(平裝)

1.CST: 自我實現 2.CST: 生活指導

177.2 111004253

HEART
心|視野

HEART

心|視野